【増補版】

大人のための

国語ゼミ

Shigeki Noya

野矢茂樹

筑摩書房

はじめに

もう国語の授業から離れてしまった人のために、つまり子どもたちのためではなく大人たちのために、国語の授業をしよう。

といっても、小説の読み方を学ぼうというのではない。生活や仕事で必要な普段使いの日本語を学ぶ。だけど、そんなふうに言うと、「じゃあ、いいや」と思う人が出てくるだろう。いまさら日本語を学ぶ必要なんかないもの。

この本の第一の目標は、そんな人たちを振り返らせることにある。適当に相槌《あいづち》を打っている雑談ならよいが、きちんと伝えなくちゃいけない場面で、本当に相手にきちんと伝わっているだろうか。質問されて、なんだか要領を得ない答え方をしていないだろうか。議論をしていて、話があちこちに飛んでなかなか議論が進んでいかなかったこと、言われたことに納得できないのだけれどうまく反論できなくてもどかしい思いをしたことは、ないだろうか。

文章を読んでも、素早く的確にその内容が捉えられないで何度か読み返さなければならなかったことはないだろうか。あるいはあなたの書く文章や発言が、そんなふうに相手に負担を強いるようなものになってはいないだろうか。

　これから私が開く国語ゼミに参加しようかどうしようかと迷っている人のために、本文中から何問か選んでお見せすることにしよう。このゼミでは、例えばこんな問題を考えていく。

問　飯盒《はんごう》炊さんの経験どころか、電気炊飯器でご飯を炊いたことすらない高校生たちが、キャンプ場に行ってご飯を炊きたいから炊き方を教えてほしいと言ってきた。そこで次のようにアドバイスをしたが、これでは高校生たちは困ってしまうだろう。どのような点が高校生たちに伝わらないものになってしまっているだろうか。

　ふつうの飯盒は4合炊きだから、標準的には4人分が炊けます。まず米をとぎます。それに米と同量の水を加えてしばらくそのままおきます。それからかまどにかけて炊き始めます。だいじなのは火加減で、昔から言われている「はじめチョロチョロ中パッパ」がコツです。25分ほどして炊けてきたら、火からおろしてしばらく蒸らして、できあがりです。

問　次の文章中で不適切な接続表現を一箇所指摘し、適切な言い方に訂正せよ。

肖像画を見ると、モーツァルトは髪をカールさせている。だが、あの髪はかつらである。では、どうしてモーツァルトはかつらをかぶっていたのか。禿げていたからではない。フランス革命以前のヨーロッパでは、かつらが貴族の社交における正装だったのである。そして、フランス革命によって貴族の力が失われてからは、かつらもすたれていった。例えば、バッハやモーツァルトはかつらをつけているが、フランス革命以後のシューベルトやショパンはかつらをつけていない。

問　次の主張に対して反論を考えよ。

背が高い子もいれば低い子もいる。それはそれぞれの個性であり、優劣をつけるべきものではない。同様に、走るのが速い子もいれば遅い子もいる。それもそれぞれの個性である。だから、運動会の徒競走では順位をつけるべきではない。

どうだろう。そう易しくはないと思われる問題をぶつけてみた。解説と解答は本文を読んでいただきたい。繰り返すが、本書の目的のひとつは、「国語、学び直さなくちゃ、だめかも」と思ってもらうことにある。私が出す問題にうまく答えられなくてモヤッとしたりイラッとしたりガクッとしたりする、そんな体験を味わってもらいたい。え？　サクサクできて気分がよい？　ふむ。それならそれで、たいへんけっこうなことである。

しかし、うまく答えられなかった人、本書はその人たちをそのまま放り出すようなことはしない。国語力を鍛える手助けをすること、これが本書の第二の目標である。

国語力はいくら解説を読んでも鍛えられない。泳ぎ方の解説を読むだけでは泳げるようにならないのと同じである。実際に問題に向かってみなければどうしようもない。とはいえ、ふつうの問題集のように、世に出まわっている実際の評論文や解説文を使うことはしていない。そうした文章のけっこうな割合が、あまりよい文章とは言えなかったり、エッセイ的で要領を得なかったり、あるいは複雑な構造をもっていたりする。いきなりこうした文章に立ち向かうのは、泳ぎが苦手な人が海に放り込まれるようなものである。やはり、まずはプールで、つまり学ぶべきことのポイントが明確で、よけいな要素があまり入っていない文章、実用性の高い文章で、練習しなければいけない。

そのために、問題文は私が作成した。内容的には多くの文章を参考にさせていただいたが、その場合でも文章は問題文として適切になるよう書き直してある。実は、このことはとてもだいじなことだと私は思っている。かつて国語の教科書は鑑賞の対象になるような文章を集めた名文選だった。そしてその性格はいまでも残っている。しかし、この本で私が求めているのは名文ではないし、名文を鑑賞する力でもない。文筆を生業《なりわい》としている人たちの文章は、いわばステージ衣装を着て私たちの前に現れる。他方、本書が扱うのは普段着の文章である。きちんと伝えられる文章を書き、話す力、そしてそれを的確に理解する力、私たちはそんな国語力を鍛えなければならない。

そこで、ゆっくり読み進んでほしい。読むというより、問題を考えながら進んでほしい。問題と解答が同じ見開きページには入らないようにしてある。問題を読んで、ページをめくらずにしばし考えてほしい。だから、二時間程度では読み終わらないだろう。そうだなあ、せめて一週間、できれば一箇月はかけてもらいたい。そんなに？　と言われるだろうか。三日以上は続ける自信がないという人、いや、この本にはもうひとつ、第三の目標がある。楽しんでもらいたい。役に立つことをめざした本ではあるが、楽しくなければ続かないし、力にはならない。普段着の実用的な文章で国語力を鍛えようとすると、あまり面白くないものになりがちである。しかし、そこをなんとか、面白い内容を盛り込むように努力した。

さらに、強力な助っ人にも参加してもらった。本書をパラパラとめくってみていただきたい。そこここにマンガがある。４人の高校生たちが、要点を確認したり、疑問を発したり、あるいはボケやツッコミをしたりしている。彼らは仲島ひとみさんの『それゆけ！ 論理さん』（筑摩書房）という本の登場人物である。その本では、マンガの中で４人の高校生がワイワイやりながら、論理学の授業が進んでいく。そこで、我がゼミにも来てもらった。おかげで私自身がこのゼミを楽しみながら進めていくことができた。

さあ、国語ゼミ、やりませんか？

増補版　大人のための国語ゼミ　目次

付録　285

カバー　《牡牛小像》前十四世紀、ミロス考古学博物館蔵
Hellenic Republic Ministry of Culture and Sports,
General Directorate of Antiquities and Culture Heritage /
Ephorate of Antiquities of the Cyclades

挿画　仲島ひとみ

登場人物紹介
Q.好きな言葉は何ですか？
リコ
論理的な良識派…のはず
笑う門には福来たる
ハナ
先手必勝
恋の話と屁理屈が好き
トビオ
飛躍しがちなお調子者
二度あることは三度目の正直！
ヒロシ
流されやすいお人好し
情けは人のためならずの本当の意味最近知った
SELF HELP

増補版　大人のための国語ゼミ

1　相手のことを考える

――本当に分かってもらおうとして話していますか？

最初に、私自身が経験したひとつのエピソードを書いてみたい。久しぶりに姉に会い、くつろいだ気分で話をしていたときのことである。私は、姉の話が興味深いものだったので、分かりにくいことがあるたびに質問を差し挟んだ。すると、姉の表情に、どうもそんな私の質問をうっとうしいと感じている様子が見え始めた。私の尋ね方が悪かったのかもしれない。私は、「ちょっと待って、それはどういうこと？」「どうして？」といった質問を連発した。だが、別に話を中断させるつもりではなく、姉が言っていることをきちんと理解したかったのだ。なのに、なぜ？

「ふーむ、そういうことか」と、私が会話におけるひとつの真理に気づいたのは、姉と別れた後だった。

姉は、私に理解してもらいたくて話をしていたのではない、聞いてほしかったのだ。相槌を打ってもらいながら、気持ちよく話をしたいのに、なんだこいつはいちいち質問して話の腰を折って。そんなふうに感じたのではないだろうか。実に、会話で一番だいじなのは相互理解ではない。リズムなのだ。

しかし、と、ここでは言いたい、ノリのいい会話も楽しいが、それだけじゃだめだろう。理解してもらおうとしないのならば、相手に伝わる分かりやすい話し方や書き方ができるはずがない。仲間内の楽しい会話だけで育ってきた幸せな人たちは、実は自分の言葉がそれほど相手に伝わっていないと分かると、むしろ分かってくれない相手を「うざい」と思ってしまうかもしれない。そして気の合った者同士のぬくぬくした幸せに閉じこもろうとする。最悪の場合、分かってくれない相手を排除したり傷つけたりする。そんな状況に陥らないために、相手にしっかり伝わる話し方や書き方ができなければいけない。

相手のことを考えて話し、相手のことを考えて書く。――そんなことは分かってるさと言われるかもしれない。だが、実のところそんなに簡単なことではない。現に、それができていない場面のなんと多いことか。

自分の言葉が相手に理解されているかどうかについて鋭敏な感覚をもち、理解されていないことを嫌がらずに謙虚に受け止め、理解してもらうにはどうすればよいかを本気で考える。

何度も何度も、そんな経験を繰り返さねばならない。何度も、何度も。この章では、その第一歩を踏み出すことにしよう。

とくに知っておくと役に立つ知識や技術があるわけではない。ただひたすら相手のことを考える。この言葉で相手に伝わるかどうかを考える。それだけである。

1―2 なぜ100円でコアラのマーチが買えなかったのかを説明する

こんな場面を考えてみよう。相手は小学五年生。あなたの顔を見るなり、「ゼーヌキってなにっ？」と憤懣《ふんまん》やるかたないという顔つきで聞いてきた。話を聞いてみると、こういうわけだった。その子はちょうど100円持っていたので、コアラのマーチを買おうと思った。値段のところにも100円と書いてある。ちょうどいい。ところがレジに持っていくと108円だと言う。100円では買えないと言う。でも100円しか持っていない。納得できなくて商品の棚に戻ってもう一度そこに書かれてある値段を見てみた。「コアラのマーチ　いちご」、これが食べたい。「100円（税抜き）」と書いてある。この「税抜き」のところに何か罠《わな》があるに違いない。そう思って、あなたに尋ねてきたのである。

「消費税」について説明してあげたい。「パーセントって分かる?」と聞いてみた。分かるという。五年生なら百分率は習っている。そこで、次のような内容の説明をしたとしよう。

問題例文1

税金の一種に「消費税」というのがある。買物をすると、定価とは別に消費税を払わなければいけない。いま消費税は定価の8パーセントだから、100円のコアラのマーチを買うには100円の8パーセント、つまり8円を足して、108円払うことになる。

(定価および消費税率は二〇一八年のもの)

ところがそもそも税金というのが何のことだか分からない。税金については五年生ではなく、六年生で習うことになっている。おかげで「税金って何?」「どうしてよけいにお金を払わなくちゃいけないの?」「そのお金ってお店の人のもうけになるの? それってひどくない?」と質問ぜめにあい、さらには、最後にちょっと小さな声で、「定価ってなんなの?」と聞かれてしまった。

「パーセント」が分かるかと確認したのはよかったのだが、どうもぜんぜん伝わらない説明になってしまったようだ。

問1　問題例文1を小学五年生（百分率は習っているが税金についてはまだ習っていない）にも分かるように書き直せ。

税金は、その納付先によって国税と地方税の二種類に分かれ、そのそれぞれが、税金の取り方によって直接税と間接税に分かれる。

消費税は国税の間接税である。しかし、いま小学生の疑問は「なぜ100円のコアラのマーチが100円では買えなかったのか」というところにある。この問を解くためには、税の種類まで説明する必要はないだろう。

わかってるつもりのことほど説明不足になりがちだよね
いや あの
ぼくもさ よくわからずに払ってた…
TAX HAVEN

とりあえず消費税は国税であるから、小学五年生にも分かるように国税について説明し、買物をするときにも「消費税」と呼ばれる税金を払わなければいけないことを教えて、だから108円必要だったのだと納得してもらう。そのような説明を書いてみよう。

書き直し例文2

国が建物や道路を作ったりさまざまな活動をするためには、お金がいる。私たち国民は、国が使うそのお金を負担するために、「税金」と呼ばれるお金を払っている。税金がなければ、国は活動ができなくなってしまう。買物をするときにも、「消費税」と呼ばれる税金を払わなければいけない。いま消費税は商品の値段の8パーセントと決められている。だから、100円のコアラのマーチを買うには100円の8パーセント、つまり8円を足して、108円払うことになる。その8円は、お店のもうけになるのではなくて、国が使うお金になるんだ。

問題例文1と比べてみてほしい。書き直し例文2ならば、小学五年生でも分かってくれるだろう。しかし、私たちはつい問題例文1程度の説明で説明できた気になってしまってはいないか。

池上彰氏は分かりやすいニュース解説で定評があるが、そんな彼を育てたのは「週刊こどもニュース」というテレビ番組だったという。お父さん、お母さん、そして3人の子どもたちがいて、その子どもたちにニュースを説明するという番組である。池上氏は初代「お父さん」として11年間子どもたちにニュース解説をした。大人にはあたりまえのことでも、子どもたちにはまだ分からないことがたくさんある。それをなんとかして分かってもらおうとする。その経験が、彼の分かりやすい解説を生んだ。

それは小手先の技術ではない。ただひたすら子どもたちのことを考えた、それだけのことである。だが、「相手のことを考える」というあたりまえと思えることが、本当に自分の発言に生かされるためには、池上氏が「週刊こどもニュース」で味わったような経験——分かってもらいたいのに、なかなか分かってくれない。でも、分かってもらいたい！——をしなくてはならない。その経験をすることなく、池上彰氏の書いた『伝える力』（PHPビジネス新書）などを読むだけで事足れりとするのでは、いつまでたっても分かりやすい説明をする力はつきはしない。私がこうして問題例文を示して読者に問いかけるのは、まさに「週刊こどもニュース」的な体験を実際にしてもらいたいからである。

1―3　日本のお祭りはどういうものですか？

では、別の場面を考えてみよう。太郎は外国に滞在中、そこで日本語学校に通っている女性と知り合った。彼女は日本語はかなりできるが、日本に行ったことはないし、日本についての知識もあまりない。あるとき、「お祭り」について尋ねてきた。日本のお祭りというのは、どういうものなのか。「お祭り」という言葉の意味はだいたい分かるが、具体的にどんな様子なのか、どういう特徴があるのか、教えてほしい。

とはいえ、手短に説明するのは無理である。思いつくままに有名な祭りを挙げても、ねぶた祭、竿燈《かんとう》まつり、三社祭、祇園祭、だんじり祭、博多どんたく、……。これでも、たぶん郷土愛に満ちた人から「なぜこれを挙げない」と叱られるに違いない。さらに雪まつりや阿波踊りなども考えると、その多様性に呆然《ぼうぜん》とせざるをえない。

そこで、実にさまざまな形の祭りがあることを断った上で、太郎は自分の町の神社のお祭りについて説明することにした。それは全国的に有名な祭りなどではないが、それだけに、どこにでもある日本の祭りの一つの典型になっているだろう。そう考えて太郎は、自分の町のお祭りについて、以下のような内容の説明を与えた。

問題例文3

「お祭り」とひと口に言ってもいろいろなものがありますが、私の町のお祭りは秋に神社で行われるものです。たぶん秋の収穫に感謝するという意味があるのだと思います。参道や境内には多くの屋台が並び、大勢の人が集まってとてもにぎやかになります。そして一番盛り上がるのはなんといってもお神輿《みこし》です。お神輿をかついで、勇ましく声を掛け合いながら町中を歩くんです。これは、日本の各地で行われている、ごくふつうのお祭りの形です。

問2　日本語はかなりできるが日本のことはあまり知らない、そういう相手であることを考慮して、問題例文3では伝わらない、あるいは説明不足になっていると思われる点を指摘せよ。

次ページに6個のポイントを挙げておいた。あなたはいくつ気がつくだろうか。

□神社とは何か。
□参道とは何か。
□境内とは何か。
□屋台とは何か。
□お神輿とは何か。
□なぜお神輿をかついで町中を歩くのか。

5番目と6番目はあわせて一つと数えてもよいだろうから、5個気がつけば上出来である。
では、まず「神社」について考えてみよう。

問3　「神社」について「神をまつってある場所」と説明した。しかしこの説明では、日本語はかなりできるが日本のことはあまり知らない相手には伝わらない。どうしてこれではだめか、その理由を述べ、分かりやすく説明し直せ。

問4　日本語はかなりできるが日本のことはあまり知らない、そういう相手であることを考慮して、次のことについて説明せよ。

(1) 参道とは何か。
(2) 境内とは何か。
(3) 屋台とは何か。
(4) お神輿とは何か。
(5) なぜお神輿をかついで町中を歩くのか。

別に読者の知識を問うているわけではないから、よく分からないというのであれば、調べてみてくれてかまわない。実際、なぜお神輿をかついで町中を歩くのかなどは、よく知らないという人の方が多いだろう。

また、「日本のお祭りはどういうものなのか」という質問に答えるためなので、あまり詳しいことは説明しなくてよい。

では、問3を考えよう。「神社」を「神をまつってある場所」と説明するのはどうだろうか。まず、日本語がかなりできると言っても、「まつる」という言葉の意味

はよく分からない可能性が高い。別の言葉で言い直した方がよいだろう。とはいえ、どう言い直せばよいのか。なかなか悩ましい。

さらに、気がつきにくいポイントだとは思うが、「神」とだけ言うと誤解を招いてしまう。キリスト教などの一神教における“God”ではなく、神道における神である。（神道の「神」に対してはぴったりした英語がないので、英語でも“kami”ということがある。『オックスフォード新英英辞典』では“kami”の項目で“a divine being in the Shinto religion”（神道における神聖な存在）と説明されている。）

問3の解答例　「まつる」ということがどういうことなのか分からないかもしれない。また、「神」も一神教における神と誤解されがちである。そこで、次のような説明が考えられる。「神社には、日本の昔からの宗教である神道の神がいるとされています。そして、その神にお祈りをするために人々は神社を訪れるのです」

問4の解答例

(1)　参道……神社等に入っていくための道

(2)　境内……神社等の敷地内

(3) 屋台……屋外に一時的に作られる簡単な小さい店
(4) お神輿……神社にいるとされる神が乗る乗り物
(5) お神輿をかついで町中を歩く理由……神が神社を出て町の人々のもとに行くため

実は、私自身がこの解答例を考えるのにおおいに悩んだ。「参道」を「神社におまいりするための道」と説明すると、「おまいり」をさらに説明しなければならない。この悩ましさを読者にもぜひ体験してほしい。それは、池上彰氏が「こどもニュース」で味わった体験に通じるものである。池上氏がそうして鍛えられたように、そこでおおいに悩むことがあなたを鍛えてくれるに違いない。

問5 いま指摘された点に注意し、太郎の立場に立って問題例文3を書き直せ。

相手に分かってもらいたいという気持ちがどのくらい強いかが試されている。紙上の練習問題ではなかなかそんな気持ちにならないかもしれない。しかし、がんばって、目の前の相手に分かってほしいと強く願っている気持ちで考えてほしい。

書き直し例文4

「お祭り」とひと口に言ってもいろいろなものがありますが、私の町のお祭りを紹介しましょう。日本の町には「神社」と呼ばれる場所がたくさんあります。神社には、日本の昔からの宗教である神道の神がいるとされています。そして、その神にお祈りするために人々は神社を訪れるのです。私の町にも神社があり、そこでお祭りがあります。お祭りの時期は神社によって違いますが、私の町の神社では秋に行います。たぶん秋の収穫に感謝するという意味があるのだと思います。お祭りのときには、神社に入っていくための道の両側や神社の敷地内に、そのときだけ作られる簡単な小さな店が立ち並んで、さまざまな物や食べ物を売っています。そこに大勢の人が集まって、とてもにぎやかになります。そして一番盛り上がるのはなんといってもお神輿です。お神輿というのは、その神社にいるとされる神さまが乗る乗り物で、神さまが町の人々のもとに行くために、神さまが乗ったお神輿をかついで、勇ましく声を掛け合いながら町中を歩くんです。これは、日本の各地で行われている、ごくふつうのお祭りの形です。

ここで私が強調しているのは、なんらかの言語能力や技術ではなく、「相手のことを考える」という、ただその一点である。

でも、それは「国語力」とは違うだろう、と言いたくなる人もいるかもしれない。それはその通り。だが、相手のことを考え、分かってもらえるような言葉に言い換えたり説明を補ったりする力は、国語力である。それゆえ、相手のことを考えて分かってもらおうとすることが、国語力を鍛えることになる。

逆に、国語力が鍛えられることによって、相手のことを考えに入れて書いたり話したりできるようになる。国語力がないと、どう言い換えればよいのか、どう説明すればよいのか、分からない。そうすると相手のことを考えて分かってもらおうとすることが、とてもめんどくさく感じられるだろう。しかし、国語力があればあるほど、そのハードルはより低いものとなり、めんどくさいという思いも軽減される。めんどくさいという気持ちが薄れれば、相手のことを考えようという気持ちも強くなる。

だから、「相手のことを考える」ということと、「分かりやすく説明する」という国語力は結びついているのである。両者はいわばスパイラルの構造をもっている。そしてそれには負のスパイラルと正のスパイラルがある。

負のスパイラル　国語力がない→説明するのがめんどう→相手のことを考えなくなる→相手のことを考えないから、国語力も向上しない
正のスパイラル　相手のことを考える＋国語力が向上する→相手のことがもっと考えやすくなる→さらに国語力が向上する

負のスパイラルを抜け出し、正のスパイラルへと向かってほしい。

1-4　高校生に飯盒炊さんのやり方を教える

次の問題に移ろう。こんな場面を考えてみていただきたい。高校生たちがアドバイスを求めてきた。今度キャンプ場に行ってご飯を炊きたいというのである。彼らは飯盒炊さんの経験どころか、電気炊飯器でご飯を炊いたことすらない。ご飯はお米から作り、ご飯を作ることを「ご飯を炊く」と言うのだということぐらいは知っているが、それ以上は何も知らない。そこで説明文を書いて持たせることにした。次は書いてあげた説明文である。

問題例文5

ふつうの飯盒は4合炊きだから、標準的には4人分が炊けます。まず米をとぎます。それに米と同量の水を加えてしばらくそのままおきます。それからかまどにかけて炊き始めます。だいじなのは火加減で、昔から言われている「はじめチョロチョロ中パッパ」がコツです。25分ほどして炊けてきたら、火からおろしてしばらく蒸らして、できあがりです。

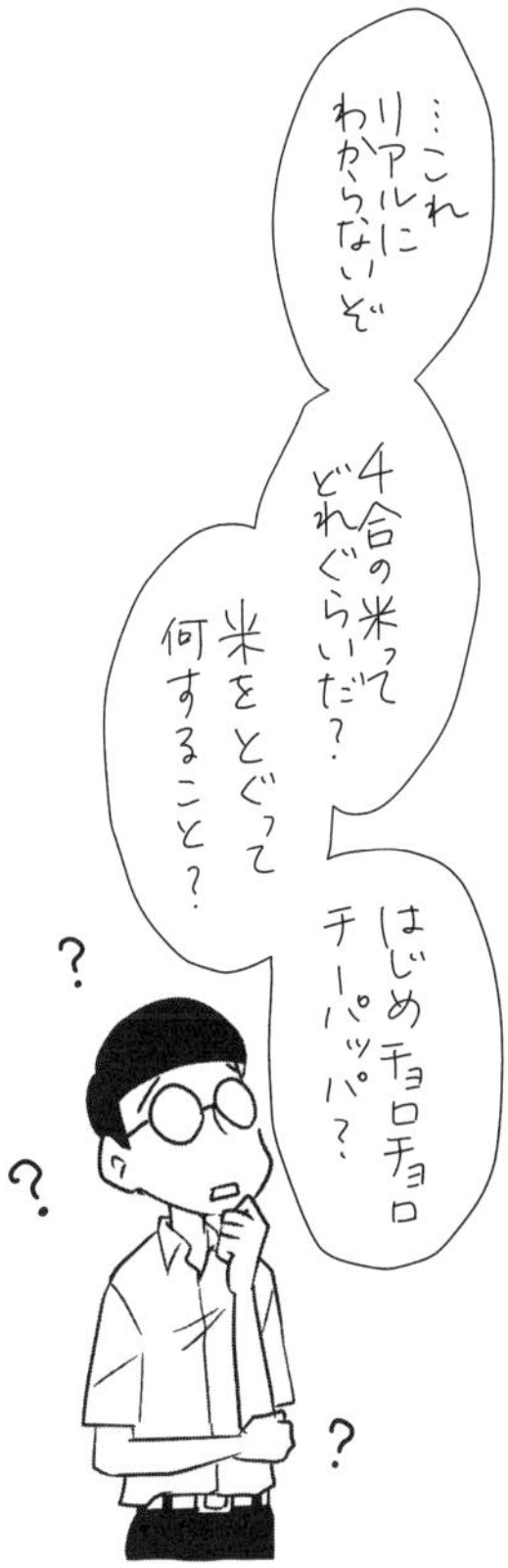
…これ リアルに わからないぞ
4合の米って どれぐらいだ？
米をとぐって 何すること？
はじめチョロチョロ チーパッパ？
?
?
?

そう、「お米をとぐ」ということがどういうことかも知らない。しかし、度しがたいなどと馬鹿にしてはいけない。誰だって誰かに教わってきたのだ。分かるように説明できていないこちらが悪い。

そこで反省して次のように書き直してみた。だが、これでもまだだめである。どこがだめなのか、考えながら読んでいただきたい。

書き直し例文6

ふつうの飯盒は4合炊きだから、標準的には4人分のご飯が炊けます。飯盒の内蓋にすり切り一杯で2合、外蓋にすり切り一杯で3合になります。

まず米を洗います。それに米と同量の水を加えて30分そのままにしておきます。飯盒の内側に2本の線が引いてあって、2合のときは下の線まで水を入れ4合のときは上の線まで水を入れます。3合なら、その真ん中になります。この手間を省くとご飯に芯が残ってしまいます。

キャンプ場にはかまどがありますから、そこで火を起こします。火が起きたら準備の整った飯盒をのせて炊き始めます。だいじなのは火加減で、昔から言われている「はじめチョロチョロ中パッパ」がコツです。つまり、最初は弱火でだんだん中火にして、沸《ふっ》騰《とう》してきたら強火にします。吹きこぼれがなくなってグツグツという音がしてきたら中火にします。

だんだん火力を弱めて、25分ほどして、飯盒の中から「チリチリ」「パチパチ」という音がしてきたら火からおろします。そして10分ほど蒸らして、できあがりです。

問6 書き直し例文6において、高校生たちに伝わらないと思われる点を指摘し、どう書き直せばよいか、考えよ。

余裕のない人は問6で終わらせてもしょうがないが、余裕があるならば、ぜひ全文を書き直してみてほしい。説明文を読むだけで高校生たちがご飯を炊けるようにするにはどう説明すればよいか、相手のことを考えて、最初から最後まで書いてみる。実際に書いてみないと、「相手のことを考える」という、いままでも頭では分かっていたことが本当に身に染みてこない。手を使って自分の体に「相手のことを考える」ということを叩きこむのである。

問7　書き直し例文6を、高校生たちに伝わるように書き直せ。

まず、かろうじて「ご飯を炊く」という言い方くらいは知っているという高校生たちに、「飯盒」だの「すり切り」だの「かまど」だのといった専門用語を説明抜きに使ってはいけない。さて、それだけか？

書き直し例文6で高校生に伝わりにくいと思われるポイントを挙げてみよう。

□飯盒とは何か。
□「4合」の「合」とは何か。
□「すり切り」とはどういうことか。
□米の洗い方はどうすればよいのか。
□「ご飯に芯が残る」とはどういうことか。
□「かまど」とは何か。
□かまどに火を起こすにはどうすればよいのか。
□「弱火」「中火」「強火」というのはどのくらいの火加減のことか。
□火加減の調節はどうすればできるのか。
□「吹きこぼれ」とは何か。
□「蒸らす」というのはどうすればよいのか。

では、書き直してみよう。

書き直し例文7

屋外で炊飯するときに使う「飯盒」という調理器具と、お米と水を用意しておきます。ふつうの飯盒は4合のお米まで炊けます。「合」というのは米の量の単位で、「1合」は180ccになります。標準的には1合が1人前（茶碗2杯ちょっと）ですが、食欲に応じて調節しましょう。米の量は飯盒の蓋ではかれます。蓋いっぱいに山盛りにならないようにぴったり入れて、内蓋なら2合、外蓋なら3合になります。

まず米を洗います。米に水を入れてあまり力を入れすぎないようにしてかきまぜ、水だけを捨てます。これを数回繰り返して水の濁りが薄くなり、米が見えるようになってきたら洗い終わりです。

洗い終わって水を捨てた米に、水を加えて30分そのままにしておきます。水の分量は、飯盒の内側に2本の線が引いてあるので、2合のときは下の線まで水を入れ、4合のときは上の線まで水を入れます。3合なら、その真ん中になります。30分おくことで、炊く前に米に水を含ませます。この手間を省くと、炊きあがった米の中心がかたいままになってしまいます。

キャンプ場には「かまど」と呼ばれる火をたく場所がありますから、そこで火を起こします。最初は新聞紙などを燃やし、次に枝や細い薪《たきぎ》を燃やして、それから太い薪を燃やします。そこに準備の整った飯盒をのせて炊き始めます。だいじなのは火加減で、昔から言われている「はじめチョロチョロ中パッパ」がコツです。つまり、最初は弱火でだんだん中火にして、沸騰してきたら強火にします。沸騰すると、蓋の間から中の水分が溢れてきます。しばらくして溢れてこなくなり、グツグツという音がしてきたら中火にします。

弱火というのは飯盒の底に火がとどかない程度、中火は底に火がとどく程度、強火は飯盒の側面に火がかかる程度です。火を強くするには、薪を足していきます。火を弱めるには、逆に薪を取り除くか、飯盒を火力の弱いところに動かします。

だんだん火力を弱めて、25分ほどして、飯盒の中から「チリチリ」「パチパチ」という音がしてきたら火からおろします。そして10分ほどそのままにします。これは飯盒の中でご飯を蒸らしているのです。だから、蓋は開けないようにしてください。これで、できあがりです。

ねえ聞いて！
このまえ初めて井川線に乗ったわけ
まずね、車両がちっちゃくてかわいいの
トンネルも小さいから車両も小さいんだけどね
でもナローじゃないのよ
でね、アプトいちしろから長島ダムの間が90パーミル
これが日本一の急勾配
だからアプト式なの
ペラ
ペラ
ペラ
ペラ
昔は碓氷峠でもアプト式使ってたんだけど今ではここが日本唯一のアプト式なんだ
▽線路の間にラックレールが敷かれてて
この区間だけ電化
ペラ
うう…
Fe
自分が気持ちよくしゃべりたいだけじゃだめなんだ…！

2 事実なのか考えなのか

2-1 事実・推測・意見を区別する

「**事実**」とは何か、それは「**考え**」とどう違うのか。これは簡単に答えられる問いではない。そして、事実と考えはしばしば切り離すことができない。そのことは後でもっと踏み込んで見ていくことになる。

とりあえず、事実とは、「その正しさがすでに確定していることがら」と言えるだろう。例えば、「邪馬台国は九州にあった」はまだ正しさが確定しているわけではないから、事実とは言えない。それに対して、「札幌にも博多ラーメンの店がある」は調べてみればそれが正しいと分かる。それゆえ、実際に札幌で博多ラーメンの店を見たとか、信頼できる情報で確かめたというのであれば、あなたは「札幌にも博多ラーメンの店がある」と、それを事実として述べることができる。

それに対して、事実ではないことがらについては、あくまでも自分の考えにとどまるものとして主張しなければならない。それが事実を述べたものなのか考えを述べたものなのかは文脈から明らかである場合も多いが、はっきりしない場合には、「……だろう」とか「……だと思う」とか「私の考えでは」といった言い方をして、それが自分の考えであることをはっきり示さなければならない。自分の考えにすぎないことを、あたかもすでに正しさの確定した事実であるかのようにして述べるのは、詐欺である。

考えを述べる場合、それはさらに「**推測**」と「**意見**」に区別される。

推測は、事実だと思われるが、まだ不確かであることを述べたものである。「邪馬台国は九州にあったと私は考えている」は推測を述べている。

考えのもう一つのタイプは意見である。例えば「札幌に行ったら札幌ラーメンを食べるべきだ」というのは、事実や推測を述べたものではなく、その人の意見を述べている。私としては、福岡の人が札幌に観光に行って一風堂（本店・福岡市）でラーメンを食べるのはいかがなものかと思うが、まあ、好き好きである。

「意見」とは何かを正確に規定するのは難しい。さしあたり、「あることがらに対して価値や重要性を評価したり、「どうすべきか」という規範を述べたり、賛成・反対の態度を表明したりするもの」と捉えておけばよいだろう。

事実として述べている
考えとして述べている
推測として述べている
意見として述べている

確認のために問題をやっておこう。

問8　次を、事実として述べたもの、推測として述べたもの、意見として述べたものに区別せよ。

(1)　私は死刑制度など必要ないと思う。
(2)　現在世界の国では、法律上死刑を廃止しているか、あるいは事実上死刑を行っていない国の方が数が多い。
(3)　死刑には犯罪を抑止する効果があると主張する人たちがいる。
(4)　死刑があることによって犯罪を思いとどまった人などほとんどいないだろう。

(1)(2)(4)は文末の表現などに注意すれば簡単に答えられるだろう。(3)はちょっと迷うかもしれない。「死刑には犯罪を抑止する効果がある」という部分はある人たちの意見であるが、「そう主張する人たちがいる」というのは事実として述べられたものである。

問8の解答　(1) 意見　(2) 事実　(3) 事実　(4) 推測

少し悩ましい例を取り上げてみよう。

かつてパスタはお湯に塩を入れて茹《ゆ》でるとされていたが、最近は塩は不要であるとも言われる。「パスタを茹でるには塩は必要ない」という発言は事実を述べたものなのか、意見を述べたものなのか、微妙である。

「必要ない」という主張は意見ではないのかと言われるかもしれない。なるほど「死刑制度は必要ない」という主張は意見として述べられるのが適当だろう。しかし、例えば「伊勢神宮に参拝するのに拝観料は必要ない」という主張は事実を述べたものである。文の形だけからでは、事実なのか意見なのか、はっきりしない。どちらのつもりで発言したのか、文脈からも判断できないのであれば、けっきょくは本人に聞いてみるしかないだろう。

もう一つ、悩ましい例を挙げよう。

「日本の首都は名古屋であるべきだ」でも、「日本の首都は名古屋だと思う」でもない。「日本の首都は名古屋である」と断定している。トビオの言っていることはもちろん事実ではない。しかし、あくまでも事実のつもりで言っている。つまり、まちがってしまったのだけれども、「事実として」主張しているのである。事実として主張しているときには、正しい場合だけではなく、誤った主張の場合も含まれる。

事実として主張したのか、推測として主張したのか、意見として主張したのか、その違いについて、簡単にまとめておこう。

事実として主張……発言者はその主張の正しさはすでに確定していると考えている。
推測として主張……発言者はたぶん事実だろうと考えているが、まだ不確かである。
意見として主張……価値、重要性、規範、賛成・反対の態度などに関わる。

2-2　事実の多面性

ここまで私たちは、事実として述べられた主張と考えとして述べられた主張（推測と意見）を区別してきた。だが、読者の中には、事実と考えがそんなに明確に区別できるのだろうかという疑問を抱いた人がいるかもしれない。そして私はその疑問は正しいと言いたい。とはいえ、前節で述べてきたことを撤回するというわけではない。事実として主張されているのか考えとして主張されているのかは区別しなければいけない。しかし、そこにはもっと深刻な問題が潜んでいる。

実は、こうした区別のだいじさを教えることはいまやまったく目新しいものではない。平成二十年の指導要領でも、小学五年生と六年生で事実と意見の区別を教えることとされている。おそらくそうした流れの嚆矢《こうし》となったのは、一九八一年に出版され、現在も読まれ続けている木下是雄『理科系の作文技術』（中公新書）ではないだろうか。

その本の第七章は「事実と意見」と題されており、その冒頭でこんな話が紹介されている。――アメリカで小学生用に編集された言語技術の本があり、あるときその一冊を開いてみた。小学五年生用である。そこに、次のような例文が挙げられていた。

ジョージ・ワシントンは米国の最も偉大な大統領であった。

ジョージ・ワシントンは米国の初代の大統領であった。

これに関してどちらが事実を記述したものか、事実と意見はどう違うか、といった質問が出されている。「偉大な」というのは意見であって事実ではない、というわけである。木下氏はこれを読んで衝撃を受けたという。これにかぎらず、この教科書のシリーズではさまざまな箇所で事実と意見に関する区別が教えられていた。そしてこのことを受けて、木下氏は事実と意見を区別することの重要性を説くのである。

私も事実と意見を区別することの重要性には同意する。すでに述べたように、自分の意見にすぎないことを事実として主張するのは、詐欺である。しかし、『理科系の作文技術』が自然科学の論文作法を教える本だということを忘れてはならない。自然科学であれば、事実を述べようとする主張と意見を述べる主張はかなり明確に区別できるだろう。だが、自然科学以外では必ずしもそうはいかない。

ここで、木下氏がアメリカの教科書を引き合いに出していたのに対抗するというわけではないが、日本の中学二年生用の教科書『新編 新しい国語2』(東京書籍)に掲載されている香西《こうざい》秀信「「正しい」言葉は信じられるか」を紹介してみたい。単純に「事実と意見を区別せよ」と諭すのではなく、むしろ「事実」とは何なのだろうと考えさせる文章である。

香西氏は次の二つの新聞報道を提示し、比較するように求める。

［A新聞］○○大臣を取り囲んだ市民から、多くの質問や疑問の声があがったが、大臣はそれを平然と無視した。

［B新聞］○○大臣を取り囲んだ群衆から、多くの罵声が浴びせられたが、大臣は冷静さを失わなかった。


そしてこの二つの書き方について香西氏は「どちらが事実か、と問うことは意味がない」と述べる。どちらもまちがいではない。しかし、与える印象は正反対と言ってもよい。

香西氏の示したような事例はけっして珍しいものではない。例えば、辺野古への基地移設問題について最高裁が結論を下した。それに対して、読売新聞は「辺野古訴訟 国勝訴確定へ」と一面に大きく見出しを掲げ、毎日新聞は「辺野古訴訟 沖縄県の敗訴確定へ」と掲げた。もちろん、それは「国の勝訴」であり、同時に「沖縄の敗訴」である。しかし、新聞社はどちらかを選ばねばならない。読者は、そこに新聞社のまなざしも読み取るべきだろう。

このような事態を前にすると、単純に「事実と意見を区別すべし」と言って済ますことはできなくなる。どんな事実描写も必ず特定の見方のもとにある。自然科学では基本的な考え方が共有されているために、特定の見方のもとで事実を捉えていることはあまり問題になってこないかもしれない。しかし、私たちの生活に関わるさまざまな事実、人物や社会についての、あるいは娯楽や芸術についての多くの事実は、単一の見方のもとで安定しているわけではない。そこには複数の見方があり、事実は多面的なものとして現れるのである。

私たちはそれを「ものは言いよう」という言葉で言い習わしてもきた。あるいは、「よく言えば……、悪く言えば……」のような言い方もする。例えば、「トビオはよく言えばマイペースだが、悪く言えば空気がよめないやつだ」のように。

では、私たちは「よくも悪くもない」中立な描写以外は事実描写として認めてはならないのだろうか。私はそうは思わない。自然科学であればそれでよいかもしれない。しかし、私たちの生活に関わる多くのことがらは一面的な記述にとどまるものではない。どんな事実描写もなんらかの「言いよう」のもとにあり、複数の「言いよう」のもとにある。ただ一つの客観的事実とそれをめぐる複数の主観的意見があるというのではない。私たちはむしろ事実そのものの多面性を認めねばならない。そして、事実の多面性を認めた上で、その危険性についても十分に理解しておく必要がある。

自分の見方を絶対視して一面的に決めつけてしまうのではなく、他の見方はないか、事実の多面性に対する感受性を鋭敏にしなければならない。そのためにも、一つのものごとをさまざまに表現する国語力が要求される。

では、問題を出してみよう。

問9 次の空欄に当てはまる適当な言い方を考えよ。

(1) よく言えば［　　　］、悪く言えばケチ。

(2) よく言えば母親をとても慕いだいじにする息子、悪く言えば［　　　］。

(3) 政府は、よく言えば、［　　　］が、悪く言えば、一貫した方針をもてずに場当たり的に指示を出すばかりだった。

問9の解答例　⑴倹約家　⑵マザコン　⑶柔軟に対処した

他の言い方もできるだろう。例えば、⑴は「節約家」あるいは「無駄遣いをしない人」。⑵は「なによりも母親を優先して考え、母親の言いなりになり、自立できていない息子」。⑶は「状況に応じて臨機応変に対応した」、等々。

ここで一点補足しておきたい。どんな場合でも「ケチ」と「倹約家」の両方の見方が可能だと言いたいわけではない。「倹約家」は無駄な出費をしない人のことであり、それゆえ出すべきときには嫌がらずにお金を出すが、「ケチ」は出すべきときにも出そうとしない人のことである。それゆえ、ある程度その人の行動を長期間にわたって観察していれば、衆目の一致するところ「倹約家」ではなく「ケチ」だという場合もあるだろう。その場合には、その人がケチであるというのはたんなる主観的な意見ではなく、もはや客観的な事実であると言ってよい。しかし、微妙なケースもある。そのとき、それを「ケチ」と言うか「倹約家」と言うかは主観の相違ということになる。

続けて、いまの問題とは少しタイプの違う問題を出してみよう。口頭で発言するときには、その表情や口調がその人の思いを表しうる。例えば、「雨が降ってきた」という言葉を嫌そうに言うこともあるだろうし、うれしそうに言うこともあるだろう。書き言葉でも、そんなふうに肯定的ないし否定的な態度が、いわば「文章の表情」として現れてくることがある。その表情を、反転させてみてほしい。
例えば、「昨日は雨が降ってしまった」と言えば雨降りを嫌なことととして捉えている気持ちが表現されるが、「昨日は雨が降ってくれた」と言えば雨降りを喜ばしいものとして捉えている気持ちが表現される。では、やってみよう。

問10　同じ事実に対して、それを次に示す見方とは異なる見方で表現してみよ。
(1)　そこには30人もの人たちが集まっていた。
(2)　北海道じゃなければ食べられなかったあの店が、東京に進出してきてくれた。
(3)　太郎はその授業に一回も欠席しなかった。しかし、よく遅刻した。

答えを示す前に少し解説しておこう。
(1)では、「30人の人たちが集まっていた」ということを「30人もの人たち」と言うことで一つの見方が示されている。では、それとは異なる見方は何か。
(2)は、その店が東京に進出してきたことを喜ぶ気持ちが表現されている。しかし、誰もがそのように喜ぶとはかぎらない。その土地の名店はその土地だけにあってほしいという考えもある。まして東京などに進出してくるようではもうおしまいだと考える人もいるだろう。そのような考えの人なら、どう言うだろうか。

(3)は興味深い例である。発言者の気持ちを表現するような言葉はとくに使われていない。しかし、文全体に特定の気持ちが示されている。そして、表現を変えることで、その気持ちが反転するのである。

問10の解答例

(1) そこには30人の人たちしか集まっていなかった。

(2) 北海道じゃなければ食べられなかったあの店が、東京に進出してきてしまった。

(3) 太郎はその授業によく遅刻した。しかし、一回も欠席しなかった。

(3)についてもう少し説明しよう。次を比べてみてほしい。

(i) 太郎はその授業に一回も欠席しなかった。しかし、よく遅刻した。

(ii) 太郎はその授業によく遅刻した。しかし、一回も欠席しなかった。

「しかし」の前後の順番を変えることで印象が変わることが感じとれるだろうか。(i)は「よく遅刻した」の方に重みがかかっており、(ii)は「一回も欠席しなかった」の方に重みがかかっている。そのため、(i)は全体として非難の色合いが強くなっているが、他方、(ii)は称賛とはいかないまでも、非難のニュアンスは薄まり、「まあ、欠席しなかったのは偉かったね」という印象を与えるだろう。

一般に「A。しかし、B」という言い方では「B」の方に言いたいことがくる。それゆえ、「A。しかし、B」と「B。しかし、A」ではニュアンスが変化するのである。別の例を挙げておこう。「カツ丼はおいしい。しかし、カロリーが高い」と「カツ丼はカロリーが高い。しかし、おいしい」。どちらがより食べたそうだろうか？

一点補足をしておきたい。(1)の事例で、事実であるのは「30人の人たちが集まった」ということであり、それを「30人も」と言ったり「30人しか」と言ったりするのはその人の意見である、と言いたくなるかもしれない。なるほど、「30人も」と「30人しか」の両方の見方が可能である場合には、どう見るかはその人の考えしだいと言ってよいだろう。だが、つねにそうなるわけではない。例えば、300人は来ると予想してその大きさの会場を用意していたのに、実際に集まったのが30人であったとしよう。そのときに「30人も集まった」と言うことはできない。誰が見てもこれは「30人しか集まらなかった」という状況だろう。このようなとき、「30人しか集まらなかったという事実がこの企画の失敗を物語っている」のように言うこともできる。つまり、この場合には、「30人しか集まらなかった」というのは事実、すなわち客観的なことなのである。

2-3　意見や見方を共有していない相手に向けて話す

自然科学の論文は別として、私たちが私たちのことや社会のことについて語るときには、事実はしばしば複数の見方で捉えられる。つまり、事実は多面的なものとなる。そのとき、そうした多面性をむりやり排除した描写を求めても、むしろ相手にうまく伝わらないことになってしまいかねない。

例えば、あなたの恋人のことを誰か他の人に説明することを考えてみよう。どんな意見や見方の持ち主にも同意してもらえるような客観的な表現だけを用いて、恋人の人物像を紹介するとしたら、どうなるだろうか。「やさしくてイケメンなの」。あ、そう、それはよかったね、と言いたいが、だめである。やさしいかどうかは人によって意見が異なる可能性がある。だから、「やさしい人」のような言い方はできない。一般に、ある人物がどういう性格であるかは人によって見方が分かれる可能性があるから、性格描写は控えねばならない。「イケメン」という言い方も客観的ではない。仮にあなたの周囲の全員が彼の美しさを認めたとしても、異なる美意識をもつ文化の人が見たらどう言うかは分からない。「背が高い」というのも現代の日本人の標準からしてということであるから、使えない。そうなると、戸籍抄本、履歴書、身体測定の結果といったものしか残らないだろう。いったい、そんなものを見せられて、あなたの恋人についてどれほどのことが分かったと言えるだろうか。

だいじなのは、どういう相手に向けて語るのかを意識することである。あなたの意見や見方は相手と共有されているだろうか。共有されている意見や見方は、その相手との間では前提事項となる。例えば、現代の日本人男性として182センチの身長があれば、誰もがその人を「背が高い」と見るだろう。説明する相手があなたと同じような感じ方をすると分かっていれば、恋人のことを「イケメン」と描写してもよいし、「やさしい」とか「ケチ」だとか描写してもよい。何ごとかを説明するときに、あらゆる時代・あらゆる文化のもとにいる、あらゆる考え方・感じ方・ものの見方をする人を視野に入れて、その人たちにも伝わるように説明しなければならないとしたら（自然科学はそのような描写をめざしている）、恋人のことを紹介することもできはしない。自分が説明を与える相手のことを考え、その相手に一番的確に伝わる描写をすべきなのである。

　逆に、あなたの意見や見方が相手と共有されていないことについては、事実を述べようとする語り方をしてはならない。事実を述べた主張であれば、その正しさはすでに確定していることになる。それゆえ、あなたが相手と共有していない意見や見方を含んだ主張を、あたかも事実であるかのようにして語ることは、あなたと異なる意見や見方の余地を締め出そうとするものであり、たんに不適切である以上に、相手を騙《だま》そうとしているに等しい。

　相手と意見や見方が共有されていないことがらについては、それがあなたの個人的な意見や見方を含んだ主張であると明確に分かる語り方をしなければならない。もっとも直接的な方法は、「私の考えでは」とか「私は……と思う」といった語り方をすることである。

　だが、それだけではうまく伝えられない場合もある。例えば、「私は太郎はマザコンだと

思う」とだけ言ったのでは言葉が足りない。自分の意見や見方を伝えるということは、同時に相手との違いを明確にすることでもある。そこで例えば、「太郎のことを「母親思い」という人もいるかもしれないが、私はそうは思わない。太郎は「マザコン」と言うべきだと思う」のように言う。別に手短に言う必要はない。長くなってもかまわないから、きちんと伝えねばならない。練習してみよう。

問11 あなた自身の意見や見方が含まれていることがはっきりと分かるように、次の発言を書き直せ。

(1) 太郎はケチだ。(太郎があまりお金を使わないという事実は相手と共有されている。)

(2) そこには30人の人たちしか集まっていなかった。(30人の人が集まっていたという事実は相手と共有されている。)

(3) 政府は一貫した方針をもてずに場当たり的に指示を出すばかりだった。(政府がどのような対応をしたかについての情報は相手と共有している。)

(4) 北海道じゃなければ食べられなかったあの店が、東京に進出してきてしまった。(その店が東京に進出してきたという事実は相手と共有している。)

問11の解答例

(1) 太郎は倹約家だと考える人もいるかもしれないが、私に言わせれば、太郎は「倹約家」などではない。「ケチ」なのだ。

(2) そこには30人の人たちしか集まっていなかった。「30人いれば十分だ」と言う人もいるかもしれない。だが、私はそうは思わない。

(3) 政府は柔軟に対処したと言う人もいるかもしれない。しかし、その見方は甘すぎる。政府は、たんに一貫した方針をもてずに場当たり的な指示を出すばかりだった。

(4) 北海道じゃなければ食べられなかったあの店が東京に進出してきた。それを喜ぶ人もいるだろう。しかし私はそのことをむしろ残念に思っている。

2-4 決めつけをはずす

相手と何が共有されているのかを把握し、共有されていない可能性がある意見や見方についてはしかるべき語り方をする。このことは議論の場においては決定的に重要である。その議論において共有すべき事実および共有されている意見や見方を「**議論の前提**」と呼び、論じるべきことがらを「**議論の主題**」と呼ぼう。

議論の前提……共有すべき事実および共有されている意見や見方
議論の主題……論じるべきことがら

いわば、議論の前提を共通の土俵として設定して、その上で議論の主題について論じあうのである。何が土俵であり何が取り組むべき問題なのかが区別できていないと、議論は混乱するばかりとなる。

何が前提で何が主題なのか、その区別に鈍感な人、あるいは分かっていてわざと無視する狡猾《こうかつ》な人を考えよう。鈍感な人は無自覚に議論の前提と主題の区別を無視する。狡猾な人も議論の主題となるべきことを前提であるかのように語るが、しかしそれを無自覚にではなく、確信犯的に行う。それによって、本当は論じなければならないことを既定のこととして受け入れさせてしまおうというのである。これは、鈍感な人よりもはるかにたちが悪い。いずれにせよ、相手が議論の主題をあたかも前提であるかのように決めつけてきたならば、その決めつけをはずして、論じるべきことがらとして土俵の上に立たせなければならない。

例えば、友人とディズニーランドに行くことになったとしよう。二人であらかじめ作戦を練る。「ビッグサンダー・マウンテンは混むから朝イチがいいかな。それとも、プーさんを先にした方がいいと思う？」友人はビッグサンダー・マウンテンとプーさんのハニーハントのどちらを朝一番に行くべきか、あなたに尋ねてくる。その質問において、その二つのアトラクションには必ず乗ること、およびそれ以外に朝一番に行くべきものはないということは既定の前提として語られている。

　だが、相手が設定してきた土俵に上がって議論する前に、まず土俵の点検をしなければならない。もしあなたがジェットコースター系は苦手だとか、なんらかの事情でプーさんだけはごめんこうむると考えているならば、どちらを朝一番にするかという議論の土俵に上がる前に、そもそもそのアトラクションに乗るという決めつけを崩しておかねばならない。そして、あらためてそのアトラクションに乗るかどうかを議論の主題として問題提起し

なければならない。さもないと、苦手なジェットコースター系に乗せられて悶絶《もんぜつ》することになるだろう。

議論の土俵に上がるということは、その土俵を受け入れることを意味する。そうして本当は議論すべきことを、議論せずに、しかも無自覚の内に、認めさせられてしまうのである。狡猾な人はこれを意図的に行い、自分の意見にすぎないものをいつの間にか既定のことにしてしまう。そんな罠にかかってはいけない。

では、議論の前提を点検し、決めつけをはずす練習をしてみよう。

問12 次の発言は、議論の余地があることを暗黙の前提として決めつけてしまっている。どのようなことが前提されているか、指摘せよ。

(1) 初詣はどこに行く?

(2) 買ってきたキャベツに青虫がついてたけど、八百屋に文句言った方がいいかな。

(3) 政府が臨機応変で適切な対応をしたにもかかわらず、事態が好転しなかった原因は何だろうか?

(4) 一生独身という憂き目にあわないよう、積極的にお見合いした方がいいと思う。

狡猾な人は、議論の余地のあることがらなのに決めつけ、議論の俎上《そじょう》にのせることなく、受け入れさせようとする。もっとも単純なやり口は、断定的に、しかも自信満々に言うことである。そして同意しない人を上から目線で「無知」呼ばわりする。だが、こんな態度に屈してはいけない。

問12の(1)も、狡猾な策略である可能性がある。「初詣はどこに行く?」といきなり問いかけて、初詣に行くことは議論せずに既定のことがらにしてしまおうというのである。そのとき、もしあなたがそもそも初詣に行くかどうかから話し合いたいと考えているのであれば、相手の仕掛けた議論にのってはいけない。議論にのるということは、その議論の前提を受け入れることを意味する。「あまり混まない神社がいいよ」などと応じたとたんに、初詣に行くことは既定のことになってしまうのである。

(2)では、「キャベツに青虫がついている」ということが当然のように否定的に捉えられている。たぶん発言者は、青虫なんかついていたら誰だって嫌がるに決まっていると考えている。だがそれは思い込みである。

(3)に見られるのは、ありがちな、そして悪質なテクニックである。自分の意見や見方を極力排して「政府のしかじかの対応がこれこれの結果をもたらさなかった原因は何か」のように問うこともできただろうが、政府の対応を「臨機応変」で「適切な」ものと形容するといった具合に、そこに自分の意見や見方をまぶす。そしてそれを事実であるかのように語るのである。また、「事態は好転しなかった」ということも、発言者の見方にすぎないものを押しつけている可能性がある。もしあなたがこうした意見や見方に同意できないのであれば、まぶされた意見や見方を剝ぎとり、意見や見方の押しつけをはねのけて、それを議論の俎上にのせねばならない。

(4)ではこうした仕掛けが複合的に用いられている。積極的にお見合いすることの是非を議論の主題としつつ、そこにおいて一生独身でいることは避けるべきであるという意見が既定のことがらとされている。さらに、そこに「憂き目」という自分の見方をまぶしている。それゆえ、もしあなたが独身を回避すべきとも「憂き目」とも思っていないならば、うかつにこの議論にのってしまってはいけない。

問12の解答

(1) 相手との間ですでに初詣に行くことが合意されていたならば、「どこに行く?」という問いかけは適切だが、そもそも初詣に行くかどうかまだ合意がとれていない段階で「初詣はどこに行く?」と問いかけるのはフライングである。そのとき「初詣に行く」という前提は議論の余地のあるものとなっている。

(2) 発言者は八百屋で買ったキャベツに青虫がついていることがクレームの対象となることを当然視しているが、相手の考え方によっては、そもそもその点が議論の主題となりうる。青虫がついているのは、キャベツがより自然な状態に近く、むしろよいことなのだという考え方もあるからである。

(3) 「政府が臨機応変で適切な対応をしたにもかかわらず、事態が好転しなかった原因は何か」という問いにおいては、「政府は臨機応変で適切な対応をした」ということと、「事態は好転しなかった」ということが既定の事実として前提にされている。しかし、「臨機応変で適切な対応」は見方を変えれば「場当たり的で一貫性のない不適切な対応」と言えるかもしれない。また、「事態は好転しなかった」ということに対しても、「事態は多少悪くなった面もあるが、おおむねよくなった」のような異なる見方があるかもしれない。それゆえ、「原因は何か」と問う前に、政府の対応は適切だったのか、事態は好転しなかったのかそうでもないのか、そうしたことが議論の主題になる可能性がある。

(4) お見合いは積極的にやるべきという意見の根拠として、「一生独身という憂き目にあわないよう」と根拠が述べられている。しかし、一生独身でいることを避けるべき「憂き目」としているのは決めつけである。もしあなたが独身は悪くないとか、独身の方がよいと考えているならば、それは議論の余地のある前提となる。

要点を繰り返そう。

事実は多面的である。それゆえ、多くの場合、単純に事実と考えを区別しようとしてもうまくいかない。だいじなことは、自分の意見や見方が相手と共有されているのかどうかを意識すること。そして共有されていない可能性があるときには、それが自分の意見や見方であることがはっきりと分かる語り方をすること。

・共有されていない可能性がある意見や見方を、共有されているかのように語ってはならない。
・共有されていない意見や見方を既定のことのように語る相手に対しては、その決めつけを見抜き、議論の俎上にのせること。

駅前のラーメン屋のおいしさの秘密は何だと思う?
おいしい!?
リコの味覚はおかしいんだから事実みたいに言わないでくれる!?

3　言いたいことを整理する

3－1　思いつくままに書いてはいけない

分かりやすい文章を書きたい。読み直してようやく理解できる文章ではなく、一回ですっと頭に入ってくる文章。そんな文章を書きたい。しかし、なかなか書けない。なんとなく思いつくままに書いてしまっていないだろうか。さらに、それを読む人もなんとなく読んでいる。だから、なんとなく書かれた文章でも誰も文句を言わない。なんとなく文章が書かれ、なんとなく読まれている。そんな状況では、分かりやすい文章など生まれてくるはずがない。

問題例文8はごみ問題について思いつくままに書いた文章である。まず、あまり意識しないで、ふつうにさらっと読んでみよう。

問題例文8

ごみは私たちの生活に直結した問題である。スーパーでは肉や魚はトレイにのせられ、プラスチックのフィルムで覆われて売られている。小売店と比較すると、スーパーの容器包装の量の方が圧倒的に多い。生産者も、電気製品等、なるべく短期間で新しい製品を買うように仕向けてくる。商品の供給過剰を解消しようとして、必要以上の需要を生み出す努力をする。それに従って買い換えたならば、当然、それまでのものはごみとなる。ディズニーランドではごみが落ちていない状態を実現しようとしており、それが魅力のひとつともなっている。調査によると、家庭の生ごみの三〜四割が食べ残し、一割が買ったものをそのまま捨てたものだという。これは私たちの食生活のスタイルの問題と言えるだろう。さらに、ごみの半分近くは容器や包み紙である。例えばビン入りのジュースと紙パック入りのジュースがあれば、多くの人は紙パック入りを選ぶのではないだろうか。紙パックもある程度はリサイクルされるが、やはりビンよりもごみは増える。私たちの社会は、消費者と販売者と生産者が本気でごみを減らそうとする仕組みにはなっていないのである。

問13　問題例文8の文章に何か問題を感じたかどうか、自分の感覚を確認せよ。

分からない言葉は使われていないし、意味の通らない文もない。だが、「分かりやすい文章」というのは、語句だけの問題ではないし、一つひとつの文だけの問題でもない。文章全体の流れを感じてほしい。

どうだろうか。もしこの文章で問題なしと感じるのであれば、何よりもまずその感覚が問題である。この文章をさっと一読しただけでは、せいぜい「ごみ問題のたいへんさがいろいろ書かれてある」程度のことしか頭に残らないのではないだろうか。あるいは、読み上げてもらって耳で聞いたとして、どのくらい内容が記憶に残るだろう。

まったく分からないというほどではないが、クリアに分かるわけではない。どこかぼんやりしてしまう。どこが悪いのだろう。こんどは、どこが悪いのかを探しながら、慎重に読んでみよう。

問14　問題例文8のどこに問題があるか見つけよ。

この文章全体は、どうしてごみが減らないのかを書いたものと考えられる。そうだとすれば、ディズニーランドにごみが落ちていないことを書く必要はない。なるほど、ごみの話題としてはつながっている。しかし、脱線である。長い文章であれば、どこかで息抜きに少し道草を食うことも許されるだろう。しかし、こんなに短い文章では、たとえすごく言いたくなったとしても、自制しなくてはいけない。

他に不適切なところはないだろうか。話題を整理してみよう。ここには容器包装の話、新製品を作る話、生ごみの話が書かれている。その三つの話がごちゃまぜになっているところに、問題例文8の文章の分かりにくさの原因がある。そこで、よけいな話を削除し、三つの話を整理して書けば、もっと分かりやすくなる。容器包装の話ははじめの方と終わりの方に分かれて出てくるので、まとめるべきである。

問14の解答

(i) この文章は、どうしてごみが増えてしまうのかについて述べたものであるから、ディズニーランドの話はよけいである。

(ii) 容器包装の話と、新製品の話と、生ごみの話が整理されずに書かれている。とくに容器包装の話は二箇所に分かれて書かれている。

(i)と(ii)に気をつけて書き直すだけで十分に分かりやすくなる。しかし、仕上げにもう一点、工夫がある。何か、気がつかないだろうか。

文章の最後を見てほしい。「私たちの社会は、消費者と販売者と生産者が本気でごみを減らそうとする仕組みにはなっていないのである」と結論されている。この「消費者」「販売者」「生産者」というのが、三つの話題に対応している。これに気がつくと、書くべき文章がもっとはっきりと見えてくる。

生ごみの話は消費者の観点から為されており、容器包装の話は販売者の観点から為されている。そして新製品の話は生産者の観点からである。だから、本文でもその順番で書き、最後に「消費者と販売者と生産者が本気でごみを減らそうとする仕組みにはなっていない」とまとめる。こうすることで、全体の骨組みがより明確になる。

また、最初にその三つの観点から書くことを述べておくと、読むにあたっての心がまえができ、さらに読みやすくなるだろう。

問15 問題例文8をより分かりやすくなるように書き直せ。

書き直し例文9

ごみは私たちの生活に直結した問題である。消費者の観点、販売者の観点、生産者の観点から、その問題を取り出してみよう。調査によると、家庭の生ごみの三〜四割が食べ残し、一割が買ったものをそのまま捨てたものだという。これは私たちの食生活のスタイルの問題と言えるだろう。さらに、ごみの半分近くは容器や包み紙である。例えばビン入りのジュースと紙パック入りのジュースがあれば、多くの人は紙パック入りを選ぶのではないだろうか。紙パックもある程度はリサイクルされるが、やはりビンよりもごみは増える。また、スーパーでは肉や魚はトレイにのせられ、プラスチックのフィルムで覆われて売られている。小売店と比較すると、スーパーの容器包装の量の方が圧倒的に多い。生産者も、電気製品等、なるべく短期間で新しい製品を買うように仕向けてくる。商品の供給過剰を解消しようとして、必要以上の需要を生み出す努力をする。それに従って買い換えたならば、当然、それまでのものはごみとなる。このように私たちの社会は、消費者と販売者と生産者が本気でごみを減らそうとする仕組みにはなっていないのである。

問題例文8と比べてみてほしい。書き直し例文9の方がはるかに頭にすっと入ってくるだろう。思いつくままに書いてはいけない。書く前にまず言いたいことを整理する。これが、分かりやすい文章を書くための大原則である。

3-2 よけいなことは書かない・話題ごとにまとめる・書く順序に注意する

では、いま挙げたポイントに気をつけて、次の例文を読んでみよう。

問題例文10

①ドイツは世界屈指のビール大国です。②とはいえ、ドイツ人はコーヒー好きとしても知られ、ドイツでの消費量のトップを占める飲み物はコーヒーで、ビールではありません。③世界最古と言われるビール醸造所はドイツにあります。④そして一五一六年には「ビール純粋令」が発布されました。⑤「ビールには大麦の麦芽、ホップ、水だけを用いること」とされ、酵母が発見されてからはそれに酵母も加わりました。⑥現在ではビールにホップは欠かせませんが、それも、ライン河畔にあった女子修道院の院長が十二世紀にホップを添加したのが最初と言われています。⑦修道院といえば、世界最古のビール醸造所は、実は修道院なのです。⑧なぜ修道院でビールが作られたのでしょうか。⑨カトリックでは四旬節の断食が義務でしたが、飲み物は禁じられていませんでした。

⑩そこで修道士たちはビールを飲んだのです。⑪ビールはいわば「飲むパン」だったのです。⑫ちなみに、ドイツのパンの多くは目の詰まった重い口当たりのライ麦パンですが、それは、寒さが厳しいドイツでは、小麦よりもライ麦の方がよく育つからなのです。⑬現在では、ビール純粋令は廃止されています。⑭EC加盟諸国から「ドイツだけが原料を制限するのは不当な輸入制限だ」と言われてしまったのです。⑮しかし、多くのドイツの醸造所ではこの精神をいまでも守り続けています。⑯ドイツのビールの品質のよさは、ビール純粋令のおかげと言えるでしょう。

問16 「よけいなことは書かない」というポイントに注意し、問題例文10で削除すべき部分を指摘せよ。

問17 「話題ごとにまとめる」というポイントに注意し、問題例文10で残すべき話題の内容をおおまかに整理せよ。

「よけいなことは書かない・話題ごとにまとめる・書く順序に注意する」というポイントを

念頭において読んでみる。そうすると、この文章のどこがだめかが見えてくるだろう。
まず、全体はドイツのビールの歴史についての話であるから、コーヒーの話（②）はよけいである。パンの話（⑫）も、言いたくなる気持ちは分かるが、削除しよう。

問16の解答　②と⑫を削除する。

よけいなことを取り除いたら、次はどんな話題が書かれているのかを整理しよう。

①　ドイツがビール大国だということ。（この文章への導入）
③　世界最古のビール醸造所がドイツにあること。
④⑤　ビール純粋令の話。
⑥　はじめてホップを加えたのが修道院の院長であったこと。
⑦　世界最古のビール醸造所は修道院。
⑧〜⑪　なぜ修道院でビールが作られていたのか。
⑬〜⑯　現在ビール純粋令は廃止されたがその精神は残っているということ。

全体はビール純粋令の話と修道院の話題に分類できる。このように整理するならば、この文章が伝えようとしているおおまかな形が見えてくるだろう。

問17の解答

①……導入。ドイツはビール大国である。
④⑤と⑬～⑯……ビール純粋令の話。
③と⑥～⑪……修道院の話。

問18　問題例文10をより分かりやすくなるように書き直せ。

これらの話題を書く順番にも配慮したい。導入の後は時代順に書くのがよいだろう。また、全体はドイツのビールの歴史についてであるから、導入の後に、「ここではドイツのビールの歴史を紹介しましょう」のように書いておくといっそう分かりやすくなる。短い文章の場合には必ずしもなくてよいが、長い文章の場合には、これから何を書くのかを予告することは読者にとってたいへんありがたいものとなる。

いきなり書き出すのではなく、書きたいことを整理し、全体の流れのイメージをつかんでから書き出すこと。次のようなメモを作ってみてもよいだろう。

メモ
導入、ドイツはビール大国
世界最古のビール醸造所は修道院――なぜ修道院でビールを作ったのか
ビールは断食中でも飲んでよかったから。ビールは「飲むパン」だった
ホップをはじめて加えたのも修道院
ビール純粋令の話
現在はビール純粋令は廃止されたがその精神は残っている

とはいえ、あまりきっちりとメモを作るのも考えものである。メモをなぞりながら書くと、かえって文章の勢いが失われてしまう可能性がある。長い文章を書く場合にはあらかじめメモを作っておくのも有効だが、短い文章であれば、頭の中を整理して、全体の流れをイメージとしてつかむぐらいの感じがよいだろう。

書き直し例文11

ドイツは世界屈指のビール大国です。ここではドイツにおけるビールの歴史を紹介しましょう。世界最古と言われるビール醸造所はドイツにあります。実は、それは修道院なのです。なぜ修道院でビールが作られたのでしょうか。カトリックでは四旬節の断食が義務でしたが、飲み物は禁じられていませんでした。そこで修道士たちはビールを飲んだのです。ビールはいわば「飲むパン」だったのです。現在ではビールにホップは欠かせませんが、それも、ライン河畔にあった女子修道院の院長が十二世紀にホップを添加したのが最初と言われています。そして一五一六年には「ビール純粋令」が発布されました。「ビールには大麦の麦芽、ホップ、水だけを用いること」とされ、酵母が発見されてからはそれに酵母も加わりました。現在では、ビール純粋令は廃止されています。EC加盟諸国から「ドイツだけが原料を制限するのは不当な輸入制限だ」と言われてしまったのです。しかし、多くのドイツの醸造所ではこの精神をいまでも守り続けています。ドイツのビールの品質のよさは、ビール純粋令のおかげと言えるでしょう。

3-3　ストレスについて書かれたストレスを生む文章

ではもう一題、少し手ごたえがあるかもしれないが、挑戦してほしい。

問題例文12

①現代において、私たちがとりうる選択肢はかつての時代よりもはるかに豊かになった。②食品や家電製品などを買う場合でも、実に多様な商品が用意されている。③そして実に巧妙な宣伝文句で私たちに売ろうと仕掛けてくる。④しかし、それがかえって私たちのストレスになっている可能性がある。⑤選択肢が増えれば増えるほど、私たちはその選択肢にないものを求めたくなる。⑥また、選択肢が増えるということは選ばなかった道が増えるということでもある。⑦いろんな商品があるのにどれも一長一短で完全に期待に添うものがない。⑧そんな経験は誰にでもあるだろう。⑨そうすると、どれもどこかダメなものばかりという不満が生じてしまう。⑩現代ではインターネットで気楽に買物ができるが、それも金銭感覚を麻痺《まひ》させやすい。⑪さらに、何かを選んでも、選

ばなかったもののことを思って、「あっちを選んでおいた方がよかったかもしれない」という気持ちが増大する。⑫こうして、多様な選択肢が開かれているという一見するとすばらしい状況が、かえってストレスを生むという逆説が起こるのである。

問19 「よけいなことは書かない」というポイントに注意し、問題例文12で削除すべき部分を指摘せよ。

問20 「話題ごとにまとめる」というポイントに注意し、問題例文12の内容を整理せよ。

ここでも、自分の感覚をチェックしてほしい。もう、この文章は混乱していると感じられるのではないだろうか。「これでもいい」と感じていたものがより分かりやすくなるという経験を積んで、分かりやすさに対する感受性を研ぎ澄ませてもらいたい。

では、まず削除すべき部分を検討するために、この文章が全体として何を言いたいのかをつかもう。そこで、一つ考えるきっかけとなる問題を出そう。

問21 ④で言われる「それがかえって私たちのストレスになっている可能性がある」の「それ」は何を指しているのか。

直前にある③の「巧妙な宣伝文句で売ろうと仕掛けてくる」ということだろうか。あるいは、①と②で言われている「選択肢が豊かになった」ことだろうか。この文章の言いたいことが見えていないと、「それ」が何を指すのか、はっきりしないだろう。

文章全体の流れは、「選択肢が増えたのにかえってストレスがたまるのはなぜか」という問いに対して、その理由を答えるものになっている。だとすれば、④の「それがかえってストレスになっている可能性がある」の「それ」は、③の「巧妙な宣伝文句で売ろうと仕掛けてくる」ということではありえない。

問21の解答　「それ」は「選択肢が豊かになったこと」を指す。

そうすると、④の直前にある③「巧妙な宣伝文句で売ろうと仕掛けてくる」は、選択肢の豊かさがかえってストレスになるという流れからは外れており、よけいなことを言っていることになる。

続けて⑤以降を見よう。ここでは、選択肢が増えたことがストレスになってしまう理由が書かれている。さて、どこか脱線しているところはないだろうか。

そのように見ていくと、⑩に気がつくだろう。⑩では「インターネットでの買物は金銭感覚を麻痺させやすい」ということが書かれている。これは選択肢の豊かさがストレスになる理由を述べたものではない。それゆえ、⑩はこの文章ではよけいなものということになる。削除すべきである。

問19の解答　③と⑩は削除する。

最後の⑫はまとめの言葉であるから、残りの⑤から⑨、および⑪を見よう。ここでは選択肢の豊かさがストレスを生んでしまう理由として、二つの異なるタイプの理由が挙げられている。ポイントは⑤と⑥の違いである。比べてみていただきたい。

⑤　選択肢が増えるほどその選択肢にないものを求めたくなる。
⑥　選択肢が増えるということは選ばなかった道が増えるということでもある。

この違いをはっきりさせておかないと⑦以降がごちゃごちゃのままになってしまう。例えば、A、B、Cという三つの選択肢があるときに、⑤はその選択肢にないXを求めるということであり、いわば「ないものねだり」である。他方⑥は、Aを選んだら選ばなかったBやCの方がよかったのではないかという気持ちになるということであり、こちらは「隣の芝生は青い」と言えるだろう。

⑤……「ないものねだり」型
⑥……「隣の芝生は青い」型

では⑦から⑨を見よう。ここには、「いろんな商品があるのに完全に期待に添うものがないため、どれもどこかダメなものばかりという不満が生じてしまう」ということが書かれている。これは、⑤の「ないものねだり」型の不満である。

それに対して、⑪「何かを選んでも、選ばなかったものの方がよく思えたりする」は、⑥の「隣の芝生は青い」型の不満である。

「話題ごとにまとめる」というポイントに注意して整理するならば、⑤と⑦〜⑨をひとまとめにし、⑥と⑪をひとまとめにするのがよいだろう。

問20の解答　①②④で「選択肢の増加がかえってストレスを生む可能性がある」という現象が指摘される。⑤と⑦〜⑨は、その理由として「選択肢が増えるほど選択肢にないものを求めたくなるから」と答え、⑥と⑪は「選択肢の増加は選ばなかった道が増えることでもあるから」と答えている。⑫はまとめの言葉。

さて、分析が終わった。書き直してみよう。

問22　問題例文12をより分かりやすくなるように書き直せ。

書き直し例文13

現代において、私たちがとりうる選択肢はかつての時代よりもはるかに豊かになった。食品や家電製品などを買う場合でも、実に多様な商品が用意されている。しかし、それがかえって私たちのストレスになっている可能性がある。その理由として、二つのことが考えられる。第一に、選択肢が増えれば増えるほど、私たちはその選択肢にないものを求めたくなる。いろんな商品があるのにどれも一長一短で完全に期待に添うものがない。そんな経験は誰にでもあるだろう。そうすると、どれもどこかダメなものばかりという不満が生じてしまう。第二に、選択肢が増えるということは選ばなかった道が増えるということでもある。そのとき、「あっちを選んでおいた方がよかったかもしれない」という気持ちも増大する。こうして、多様な選択肢が開かれているという一見するとすばらしい状況が、かえってストレスを生むという逆説が起こるのである。

ここまで見てきた問題例文（8、10、12）は、いわばきちんと文章を書く前の頭の中の状態であると言える。言いたいことが頭の中でごちゃごちゃに入り混じっている。それを思いつくままに書いても、分かる文章にはならない。だいじなことは三つ。

一、よけいなことは書かない。言いたいことをはっきりさせて、その観点から話題を取捨選択する。それ自体はとても言いたいことであっても、その文章ではよけいものであるならば、潔く切り捨てる。

二、関連する話題ごとにまとめる。

三、書く順序に注意する。書き直し例文13では順番は問題にならなかったが、長い文章になればなるほど、どういう順番で書くかがだいじなこととなってくる。

こうしたことを、文章を書き始める前に下ごしらえとしてやっておかなければいけない。分かりやすい文章になるかどうかは、文章を書く前の下ごしらえでかなりの程度決まるのである。

とっちらかった
アタマには
とっちらかった
文章しか
書けないのよ

4 きちんとつなげる

4−1 さまざまな接続関係

「散歩した。疲れた」

いきなりこう言われたとしよう。なるほど、この人は散歩したのだなということは分かる。また、疲れたのだな、ということも。しかし、その二つのことの関係はどうなっているのか。「散歩した。だけど、疲れた」なのか、「散歩した。だから、疲れた」なのか。あるいは、「散歩した。にもかかわらず、疲れた」なのか。「散歩した。疲れた」、これだけでは、その関係がはっきりしない。

文章とは、たんに個々の内容が羅列してあるだけのものではない。「A」という内容と「B」という内容があるとして、「AならばB」なのか「AなのでB」なのか「AだけどBなのか」等々、AとBの間にはさまざまな関係が考えられる。文章を読むときには、その関係を的確につかまねばならない。逆に、文章を書くときには、その関係が的確に相手に伝わるように書かねばならない。そこでもっとも重要になるのが、接続表現である。

接続表現の代表的なものは「だから」や「しかし」のような接続詞であるが、他にも「ので」や「から」といった接続助詞や、あるいは「要約すれば」とか「その結果」のように一語ではなく句で示される場合もある。こうした、二つの内容の関係を示す言葉はすべて接続表現として捉えられる。

とはいえ、接続表現はたくさんあり、それが表す接続関係も多様である。それをきちんと分類し、説明し、適切な使い方を一つひとつマスターしてもらうには、それだけで一冊の本を必要とする。（例えば、『外国人のための日本語　例文・問題シリーズ6　接続の表現』（横林宙世・下村彰子著、荒竹出版）などが日本語を母語とする者にとってもたいへん参考になる。）だが、私が本章でめざすのはそうした練習ではない。伝えたいことはただ一つ。

きちんとつなごうとすること。

これである。そして、これだけである。

細かいことはやらないとは言っても、やはりある程度はどんな接続関係があり、それを表すためにどのような接続表現があるかを見ておかねばならない。すでに知っているはずの言葉であるから、いちいち説明されても退屈なだけだろう。簡単な説明の後は問題形式にしよう。そこで、あらかじめ注意をしておきたい。以下の説明は、網羅的ではないから、「この表現はどうなの？」と思うこともあるかもしれない。また、短い例文で示そうとするために、一つの例文に対していくつかの接続関係が考えられてしまう場合もあるだろう。しかし、あまり細かいことは気にしないでいただきたい。こんな接続関係・接続表現があったなあということを思い出してもらえれば、それでよい。だいじなのはこまごまとした知識ではない。つなごうとする気持ちである。

全部いっぺんに列挙してもうんざりさせてしまうだろうから、接続表現が表す関係を大きく三つのグループに分けよう。第一のグループは「付加・選択・換言・例示」、第二のグループは「対比・転換・補足」、第三のグループは「条件・譲歩条件・理由・帰結」である。

付加——Aということを言い、それにBということを付け加える。
選択——複数のことからどれかを選ぶ。
換言——あることがらを別の言い方で述べ直す。
例示——例を挙げて説明する。

換言には、説明のためにより分かりやすい言い方に言い換える場合、結論的にまとめる場合、より印象的な言葉に言い換える場合などがある。

なお、以下に挙げる例文はなるべく紛れのないものにしておいたが、実際にはきっぱりした分類に収まらない場合もある。とくに、換言は曖昧になりがちであり、言い換えつつ、新しい内容を付加するといった場合も珍しくはない。

問23　次の例文は、付加・選択・換言・例示のどれに当たるか。

(イ)　野菜とハムと錦糸玉子と麵を中華風ドレッシングで和《あ》える。これはまちがいなく「サラダ」である。つまり、冷やし中華はサラダなのだ。

(ロ)　島に招待された人たちは一人死に、二人死に、そして誰もいなくなった。

(ハ)　バスはないので、歩いて行くか、あるいはタクシーを呼ぶしかない。

(ニ)　二人の人が同じ指紋をもつことはない。しかも、指紋は一生変化しない。

(ホ)　よく観察すれば相手が嘘をついていると見破ることができる。例えば、話しながらしきりに鼻を触るときは、嘘をついている可能性が高い。

(ヘ)　日本人には同調現象が起きやすい。すなわち、多くの人が同じ反応を示し始めたとき、それに合わせないと不安になってしまうのである。

(ト)　カードでの支払いは署名するか、または、暗証番号を入力しなくてはいけない。

(チ)　料理はどれもおいしく、また器もすばらしかった。

(リ)　10歳以下、および80歳以上の方は半額です。

(ヌ)　彼はすぐ人を信じるし、頼まれるとイヤと言えない。要するにお人よしなのだ。

(ル)　ネット犯罪はますます巧妙化し、かつ悪質になっている。

迷うかもしれないものだけ、説明しておこう。

(イ)の「つまり」はときに曖昧である。「A。つまり、B」と述べたとき、BがAの言い換えである場合だけでなく、BがAの帰結である場合もある。BがAの内容を繰り返したものとみなせるのであれば換言だが、Aからさらなる結論を引き出しているのであれば帰結となる。(イ)の場合は、野菜とハムと錦糸玉子と麺を中華風ドレッシングで和えたものはまさに「冷やし中華」であるから、帰結ではなく換言とみなせる。

(ニ)の「しかも」は付加の関係であるが、「A。しかも、B」は「Aであるだけでなく、さらにBでもある」という意味合いをもち、「累加」とも呼ばれる。

(へ)の「すなわち」は換言であるが、もし「多くの人が同じ反応を示し始めたとき、それに合わせないと不安になってしまう」ことが同調現象の一例にすぎないのであれば、接続関係は例示ということになる。そのときには接続表現は「すなわち」ではなく「例えば」が適切である。

問23の解答　(イ) 換言　(ロ) 付加　(ハ) 選択　(ニ) 付加　(ホ) 例示　(へ) 換言　(ト) 選択　(チ) 付加　(リ) 付加　(ヌ) 換言　(ル) 付加

対比――複数のことがらを比較対照する。
転換――前に述べたこととは逆方向の内容を主張する。
補足――前で述べたことに対して、説明を補ったり、例外を示したりする。

対比・転換・補足はまとめて「逆接」の関係と呼ばれる。二つの内容が相反するようなものであるとき、それらは逆接の関係でつながれる。

「二つの内容AとBが相反する」といっても、AとBが矛盾しあうとはかぎらない。むしろもっとゆるやかな意味で相反していると捉えられる場合の方がふつうである。例えば、「この店は安い」と「この店はまずい」は、前者が肯定的評価であるのに対して後者が否定的評価であるから、逆接の関係でつなぐことができる。他方、「この店は安い」と「この店はうまい」も、「安いならまずいだろう」という予想に反して「うまい」ということであれば、相反する内容と捉えることができ、逆接の関係でつなぐことができる。

逆接の関係の中で、対比・転換・補足は、そこでつながれる二つの内容AとBのどちらに重みがあるかによって区別される。

対比の場合には、AとBは比較対照されているので、両方が対等に並べられている。転換の場合には、基本的に後にあるBの方が言いたいことであり、補足の場合には、基本的に前にあるAの方が言いたいことである。

例えば、「インターネットは便利だ。しかし、鵜呑《うの》みにするのは危険だ」のように転換の言い方をすれば、後半に重みがある。それをより強調しようと思ったら、「確かに……。しかし、……」と、自分の主張に反することをいったん認めてから自分の主張を述べる形（譲歩構文）にするとよいだろう。他方、「インターネットは便利だ。ただし、鵜呑みにするのは危険だ」のように補足の言い方をすれば、「便利」の方に重みがあることになる。

逆接
- 対比――AとBは同じ重み
- 転換――後にあるBの方が言いたいこと
- 補足――前にあるAの方が言いたいこと

なお、「しかし」は転換を表す代表的な接続表現であるが、「A。しかし、B」でAとBを対比するのにも用いられるので、注意が必要である。

問24　次の例文は、対比・転換・補足のどれに当たるか。

(ヲ)　リクガメとウミガメの見分け方を知っているだろうか。リクガメは手足を甲羅の中に引っ込めることができる。しかし、ウミガメはできない。そこに違いがある。

(ワ)　告白したが、あやまられた。

(カ)　「ぼくがおごるよ」といい格好をしようとした。ところがお金が足りなかった。

(ヨ)　遠足のおやつは500円まで。なお、バナナはおやつには入れません。

(タ)　子どもの読書離れが言われもする。しかし、昔の子どもよりも今の子どもの方が本を読んでいるというデータもある。

(レ)　シャクヤクは草であるが、ボタンは木である。

(ソ)　タンタンメンを注文したのに、ワンタンメンが出てきた。

(ツ)　働きたくない。だからといって、働かないわけにもいかない。

(ネ)　紫外線は体内でビタミンDを作る。ただし、浴びすぎると皮膚がんの原因ともなる。

(ナ)　理容師は顔剃りができる。一方、美容師は原則として顔剃りはできない。

(ラ)　ものすごくがんばってダイエットした。にもかかわらず、2キロ太った。

(ム)　「ナイル」はアラビア語で「川」という意味なので、「ナイル川」は「川川」になるらしい。もっとも、ネットの情報だから本当かどうかは分からないが。

対比・転換・補足の違いを例文を通して確認しておこう。

(ヲ)は、リクガメとウミガメの見分け方についてなので、リクガメについてとウミガメについての叙述は同等の重みをもつ。したがって、この「しかし」は対比を表している。それに対して(タ)の「しかし」は、「昔の子どもよりも今の子どもの方が本を読んでいるというデータもある」ということが言いたいことなので、転換である。

(ヨ)は、いわゆる「なお書き」であり、主たるルールの補足説明になっている。

同様に、(ネ)は、紫外線は有益だということを言いたいので、「ただし」でつないで後半を補足として軽くしている。もし紫外線の害を強調したいのであれば、「しかし」でつないで後半に重みをかけることになる。

問24の解答 (ヲ) 対比 (ワ) 転換 (カ) 転換 (ヨ) 補足 (タ) 転換 (レ) 対比 (ソ) 転換 (ツ) 転換

(ネ) 補足 (ナ) 対比 (ラ) 転換 (ム) 補足

条件——Aという条件を仮定するとBが成り立つことを述べる。

譲歩条件——Bに反するような条件Aを仮定しても、なおBであると述べる。

理由——まずAが成り立つことを述べ、次に、なぜAが成り立つのかを説明するためにBと述べる。
帰結——まずAが成り立つことを述べ、次に、その結果としてBを述べる。

ポイントを説明しよう。
(1)条件と帰結の違いは分かりにくいかもしれない。具体例に即して説明しよう。次を比較してほしい。

(i) ご飯を食べれば眠くなる。
(ii) ご飯を食べたので眠くなった。

条件の接続関係は英語の"if"に当たる。「もし……なら」という仮定の形で言い換えることができるのであれば、それは条件と考えてよい。(i)は「もしご飯を食べたなら」という仮定だから、条件の関係である。それに対して(ii)は、実際にご飯を食べ、その結果眠くなったというわけだから、帰結である。

(2)譲歩条件（「逆接の仮定条件」などとも呼ばれる）は、英語の"even if"に当たる。「雨が降っても出かけよう」は、雨が降ることが外出を妨げる条件と考えられるが、それでもなお出かけると言っているのであり、この「ても」は譲歩条件を表している。ただし、「雨が降り始めても、試合は続行された」は仮定された条件ではなく、実際に雨が降り始めたのであるから、この「ても」は譲歩条件ではなく、転換を表すものである。

(3)「A。だから、B」は帰結を表す一つの言い方だが、この関係が成り立っているときには、「B。なぜなら、Aだからだ」という理由の関係が成り立つ。

問25　次の例文は、条件・譲歩条件・理由・帰結のどれに当たるか。

(ウ)　風邪をひいたので今日は休みます。

(ヰ)　金魚を液体窒素で瞬間冷凍しても、すぐに取り出して解凍すれば復活する。

(ノ)　大阪の人なら、撃つまねをすると撃たれたまねをしてくれる。

(オ)　リンゴは本来の果実ではない。だから、柄のところにヘタがない。

(ク)　抗生物質はウイルスには効果がない。なぜなら、抗生物質が有効なのは細菌に対してであり、ウイルスは細菌ではないからだ。

(ヤ)　ドラえもんの「あらかじめ日記」があれば、人生思いのままである。

(マ) 昨日ハナが冷たくしたから、トビオは今日もまだしょげている。

(ケ) 私の競馬など、儲《もう》かったところでたかが知れている。

(フ) 犬は苦手だ。というのも、子どものときにかまれた経験があるんだ。

(コ) 気圧が下がると水の沸点も下がる。それゆえ、富士山の頂上でふつうにご飯を炊こうとしてもうまく炊けない。

(ウ)の場合、風邪をひいたことは事実であり、その結果として休むというわけだから、帰結である。それに対して、(ノ)は「もし大阪の人であるならば」と、条件を仮定している。もしこれが「彼は大阪の人だから」であれば、帰結の関係となる。

(ケ)では、儲かることは人がうらやむような事態であるのに対して、その後で「たかが知れている」といってうらやましがるには及ばないという方向にもっていく。ここでは方向が転換している。また、競馬で儲かることは事実として述べられているのではなく、仮定された条件である。したがって、この「ところで」は譲歩条件を表している。

問25の解答　(ウ)帰結　(ヰ)譲歩条件　(ノ)条件　(オ)帰結　(ク)理由　(ヤ)条件　(マ)帰結　(ケ)譲歩条件　(フ)理由　(コ)帰結

ここまでに挙げた接続関係の分類をまとめておこう。

付加、選択、換言、例示、対比、転換、補足、条件、譲歩条件、理由、帰結

では、問題をやってみよう。

問26　適切な接続表現を選べ。

(1) 日曜に一人でまじめに仕事しようとしていたら、突然友人が訪ねてきた。［しかも／ただし］、一杯飲もうと酒を持って。これでは仕事にならない。

(2) リードを振動させて音を鳴らす楽器は木管楽器とされる。［ところが／したがって］、サクソフォンは金属製であるにもかかわらず、木管楽器である。

(3) ドリアンは臭いと言われる。(a)［しかし／ただし］、それはドリアンに対する誤解である。ドリアンは臭くない。(b)［しかし／ただし］、古くて品質の悪いドリアンは確かに臭い。

(4) 手話は必ずしも世界共通の言葉ではない。(a)［すなわち／例えば］、ふつうに食事をするときの「食べる」も日本とアメリカでは異なっている。日本では箸でご飯を食べる身ぶりで「食べる」を表現し、(b)［一方／あるいは］、アメリカでは手でパンをつまんで口に入れる身ぶりで表すのである。

(1)突然友人が訪ねてきたので仕事ができない。さらに、酒を持ってきて一杯やろうと誘惑する。これではますます仕事ができない。これは逆接の関係ではない。また、この「さらにますます」という意味合いを出すには「しかも」がよい。

(2)示された前提と、「サクソフォンはリードを振動させて音を出す」という隠れた前提が合わさって、サクソフォンは木管楽器であると結論される。金属製なのに……。

(3)(a)も(b)も逆接である。では、転換だろうか、補足だろうか。ここでは「ドリアンは臭くない」ということを言いたいので、(a)が転換、(b)が補足となる。

(4)「食べる」の手話の話は「手話は世界共通の言語ではない」ということとの一例であるから、(a)は「すなわち」ではなく「例えば」を選ぶ。(b)は、「食べる」を意味する手話を日本とアメリカで比較したものであるから、「一方」がよい。

問26の解答　(1)　しかも　(2)　したがって　(3)　(a)しかし　(b)ただし　(4)　(a)例えば　(b)一方

こんどは空欄補充の問題にしよう。文章の流れを捉えて、それぞれの接続関係を考え、その接続関係を表す適切な接続表現を入れていただきたい。答えにくいようであれば、ヒントを見て考えてみてほしい。

問27　次の空欄部に可能な接続関係を考え、適切な接続表現を入れよ。

①卵を買うと賞味期限が書かれている。②これが何を意味しているかご存じだろうか。③一般的には、賞味期限はおいしく食べられる期限であり、消費期限は安全に食べられる期限である。④［(a)］、卵の場合には事情が異なっている。⑤卵の賞味期限は、おいしく食べられる期限ではなく、「生で食べられる期限」なのである。⑥その期限は、食中毒の原因となるサルモネラ菌の急激な増殖が起こるまでの時間をもとに定められている。⑦［(b)］、サルモネラ菌は加熱によって死滅する。⑧［(c)］、賞味期限を一週間程度過ぎた卵であっても、十分に加熱すれば食べられる。⑨［(d)］、卵の場合には、「食べられなくなるわけではないけれども、生では食べない方がよい」という意味で、その期限は「消費期限」ではなく、「賞味期限」とされるのである。

問27のヒント

まず(a)のつなぎ方を見よう。③で「賞味期限」と「消費期限」の一般的な規定が述べられ、④で卵の場合はそれに当てはまらないと言われる。その接続関係は逆接であるが、では、対比・転換・補足のどれだろうか。この文章は、③の一般的規定と④の卵の場合と、どちらの方がより言いたいことなのかを考えよう。
次に、⑥⑦⑧を見よう。内容を取り出すと次のようになっている。

⑥　卵の賞味期限はサルモネラ菌が増殖し始めるまでの期間である。
⑦　サルモネラ菌は加熱によって死滅する。
⑧　賞味期限を一週間程度過ぎた卵でも加熱すれば食べられる。

⑥を読むと、賞味期限を過ぎたら食べられないと考えたくなるが、⑦と⑧では、加熱すれば食べられると言われる。そこで⒝の接続関係は逆接と捉えられる。では、対比・転換・補足のどれか。⑥と⑦⑧のどちらがより言いたいことだろうか。
⑦と⑧の関係は、「サルモネラ菌は加熱すれば死ぬ→サルモネラ菌が死ねば食べられる」と捉えるならば、明らかだろう。
⑨はここまで述べたことのまとめである。それゆえ接続関係は換言が適当であるが、帰結と見ることも不可能ではない。そこで、多少曖昧に「つまり」を使っておこう。

問27の解答例（それぞれ接続表現はいくつか考えられるが、代表的なものを挙げておく。）

(a) 転換──「しかし」「だが」等

(b) 転換──「しかし」「だが」等

(c) 帰結──「だから」「それゆえ」等

(d) 換言（帰結）──「つまり」（「すなわち」「したがって」等でもよい）

4-2 つなぎ方に敏感になる

この節の問題は、まず問題文を内容を考えないで読んでみてほしい。文章の調子だけを感じてみる。声に出して読んでみてもよいだろう。そのような読み方を「**語調モード**」と呼ぼう。語調モードで読むならば、おそらくとくに違和感は感じないのではないだろうか。次に、内容を理解しようとしながら読んでみる。そのような読み方を「**理解モード**」と呼ぼう。もしそれでも違和感が生じなかったならば、残念ながらあなたの読み方は十分に理解モードに切り替わっておらず、相変わらず語調モードで読んでしまっているのである。

語調モードの人にはこれからの3問は難しいかもしれない。まさに、そういう人をつまずかせるのが、私の狙いなのだ。あなたは、どうだろうか。

問28　次の文章中で不適切な接続表現を一箇所指摘し、適切な言い方に訂正せよ。

①肖像画を見ると、モーツァルトは髪をカールさせている。②だが、あの髪はかつらである。③では、どうしてモーツァルトはかつらをかぶっていたのか。④禿げていたからではない。⑤フランス革命以前のヨーロッパでは、かつらが貴族の社交における正装だったのである。⑥そして、フランス革命によって貴族の力が失われてからは、かつらもすたれていった。⑦例えば、バッハやモーツァルトはかつらをつけているが、フランス革命以後のシューベルトやショパンはかつらをつけていない。

問29　次の文章中で不適切な接続表現を一箇所指摘し、適切な言い方に訂正せよ。

①よく飛行機に対して、「あんな重いものがどうして飛ぶのか」と言われる。②その人は、紙飛行機が飛ぶのにはとくに不思議を感じないのだろう。③だが、紙飛行機をジャンボジェット機の大きさまで拡大すると、千トンほどの重さになるのである。④それに対して、主としてアルミ合金で作られているジャンボジェット機は、三百〜四百トンにすぎない。⑤つまり、アルミ合金製の飛行機は紙製の飛行機よりずっと軽いのである。⑥ただし、紙飛行機とジャンボジェット機は同じ原理で飛んでいる。⑦すなわち、どちらも翼に生じる「揚力」と呼ばれる上向きの力を利用して飛ぶ。⑧だから、もしあなた

が紙飛行機に不思議を感じないのであれば、ジャンボジェット機が飛ぶのにも不思議を感じる必要はない。

問30　次の文章中で不適切な接続表現をすべて指摘し、適切な言い方に訂正せよ。

①いつかは死ぬ。②それは確実なことである。③だが、いつ、どのようなかたちで最期を迎えるのかは分からない。④私たちは、ふだんの生活の中で、明日の予定を立てたり、来月の旅行の計画を立てたりする。⑤10年後のためにいまから準備している人もいるだろう。⑥あるいは、死はそんな私たちの予定も計画もおかまいなしに、ある日突然訪れる。⑦しかし、だからといって、「生の延長線上に死がある」のではない。⑧私たちはいまこのときもつねに、「死を背負って生きている」のである。

どうだろうか。違和感があるかどうかを、まずチェックしてほしい。問28と問29はそれぞれ一箇所、問30は複数箇所、つなぎ方におかしなところがある。

では、問28から見ていこう。違和感を感じてほしいのは、⑦の「例えば」である。違和感を感じなかった人は、もう一度、その気になって読み直してみてほしい。

⑤と⑥で革命以前と以後のことが言われ、⑦では音楽家の具体例を挙げてそれを説明して

いる。だったら、例示の「例えば」でよいのではないか。もしそのように思ったならば、まんまと私の仕掛けた罠にかかったのである。私は、「バッハやモーツァルトはかつらをつけているが、フランス革命以後のシューベルトやショパンはかつらをつけていない」と音楽家の名前を並べて、いかにも「例えば」という雰囲気を醸し出した。その雰囲気に騙されて、「例えば」のおかしさを見過ごしてしまった。だが、この文章はモーツァルトがかつらをかぶっている理由を答えるものである。モーツァルトはフランス革命以前に活躍した。その頃、かつらは貴族の正装だった。この脈絡で「例えばモーツァルトは……」と述べるのはおかしいだろう。モーツァルトはこの文章でたんなる一事例ではない。

問28の解答　⑦の「例えば」を「だから」等の帰結を表す接続表現にする。

問29に移ろう。この文章で違和感を感じてもらいたいのは、⑥の「ただし」である。③〜⑧の内容を書き出してみよう。

③④⑤　ジャンボジェット機よりも紙飛行機の方が重い。
⑥⑦　紙飛行機とジャンボジェット機が飛ぶ原理は同じ。
⑧　ジャンボジェット機が飛ぶのはけっして不思議なことではない。

③④⑤も⑥⑦も、どちらも⑧の根拠となっている。だとすれば、⑥の接続関係は逆接ではない。③④⑤に⑥⑦を加えて⑧の根拠とする。付加の関係と捉えるのがもっとも適切である。付加の接続表現としては「そして」でもよいが、「③④⑤なので、⑧。⑥⑦なので、ますます⑧」という感じを出すには、「累加」とも呼ばれる「しかも」などがよいだろう。

問29の解答　⑥の「ただし」を付加（累加）を表す「しかも」等の接続表現にする。

問30を見よう。この文章では、「生の延長線上に死がある」や「死を背負って生きている」という言い方が分かりにくく、そのため語調モードで読んでしまいやすい。そして語調モードで読むと、とりたてて違和感を感じないかもしれない。

内容を理解しながら読んでいこう。①③⑥で死について述べられ、④⑤で生のあり方について述べられる。私たちは予定や計画を立てる。つまり、ある程度の未来を視野に入れながら生きるのが私たちの生き方である。それに対して、死は予定も計画も関係なく突然訪れ、生を断ち切る。これが、「生の延長線上に死があるのではない」ということの意味である。明日死ぬかもしれない。いや、まさにいま、死によって私の生は断ち切られるかもしれない。そうであれば、私はいまこのときも「死を背負って生きている」。

さて、このように内容を捉えるならば、⑥の「あるいは」はおかしいと感じるだろう。④⑤は生のあり方であり、⑥はそれを断ち切る死のあり方である。ならば、そのつなぎ方は「あるいは」ではない。「しかし」などがよいだろう。

この「しかし」は対比だろうか、転換だろうか。生と死を対比していると見ることもできるが、文章全体は生を断ち切るものとしての死のあり方を述べたものであるから、転換と捉えた方がよいだろう。

もう一箇所、⑦の「しかし、だからといって」も不適切である。⑦と⑧は①〜⑥をまとめて結論としている。それゆえ、逆接の関係を見てとるところではない。印象的な言葉で言い換えたものであり、換言の関係である。あるいは、⑥⑦は①～⑤からの帰結であると考えることもできる。そこで、換言にも帰結にも用いられ、結論を示すのにしばしば用いられる「つまり」を使うのがよいだろう。

問30の解答　⑥の「あるいは」を転換を表す「しかし」等の接続表現にする。⑦の「しかし、だからといって」を換言を表す「つまり」等の接続表現にする。

訂正後の文章を示しておこう。問題文と読み比べてみてほしい。

いつかは死ぬ。それは確実なことである。だが、いつ、どのようなかたちで最期を迎えるのかは分からない。私たちは、ふだんの生活の中で、明日の予定を立てたり、来月の旅行の計画を立てたりする。10年後のためにいまから準備している人もいるだろう。しかし、死はそんな私たちの予定も計画もおかまいなしに、ある日突然訪れる。つまり、「生の延長線上に死がある」のではない。私たちはいまこのときもつねに、「死を背負って生きている」のである。

4−3　つなげて書く

接続表現がないと、文章は箇条書きを並べただけのようなものになる。次の問題例文を読んでいただきたい。よく分からない文章になってしまっているだろう。そこで、文章全体をきちんとつなげて、分かりやすい文章に書き直す練習をしよう。「きちんとつなげる」という意識を身に染み込ませるため、くどいくらいに接続表現を明示して書いてみてほしい。

問題例文14

①関東大震災は東京での被害があまりに大きかった。②東京の地震と思われがちである。③死者数は東京が圧倒的に多い。④それは主として火災による被害であり、家屋の全壊による死者数は半分程度が神奈川県である。⑤震源域は相模湾を中心に広がっている。⑥関東大震災は東京の地震というよりも、神奈川県の地震という方が適切である。

問31　適切な接続表現を補うなどして、問題例文14を書き直せ。

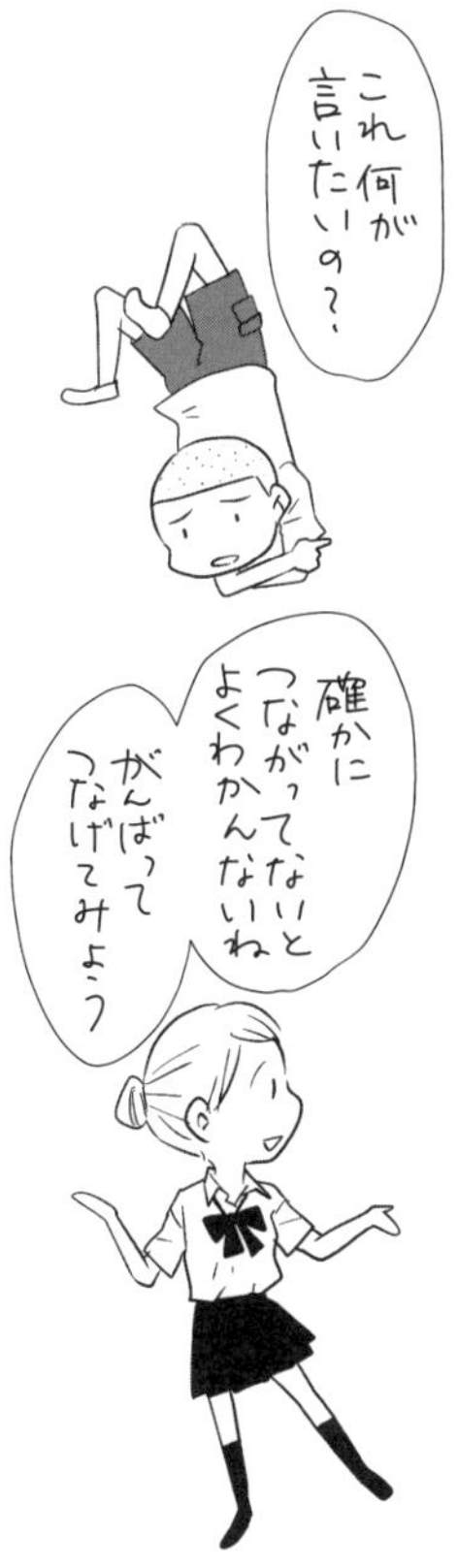

全体の骨格は、関東大震災は東京の地震と思われがち（②）だが、神奈川県の地震という方が適切（⑥）、というものである。

東京での被害があまりに大きかったこと（①）は、②の理由になっている。

③以降は、関東大震災を東京の地震と考える常識に対する反論である。まず①と同趣旨のことを③「死者数は東京が圧倒的に多い」で繰り返し、しかし、それは関東大震災を東京の地震と考える根拠にはなっていないと論じていく。つまり、東京の被害は主として火災によ

るものであり、揺れそのものによる被害は神奈川県の方が大きい（④）というのである。
④に続けて、⑤「震源域は相模湾を中心に広がっている」と、関東大震災を神奈川県の地震とみなすべき根拠を付加する。
そして、④と⑤から⑥「関東大震災は東京の地震というよりも、神奈川県の地震という方が適切」と結論する。
全体は以上のような構造になっている。では、これを踏まえて書き直してみよう。

書き直し例文15（訂正した箇所には傍線を引いてある。）

関東大震災は東京での被害があまりに大きかったため、東京の地震と思われがちである。確かに死者数は東京が圧倒的に多い。しかし、それは主として火災による被害であり、家屋の全壊による死者数は半分程度が神奈川県である。また、震源域も相模湾を中心に広がっている。したがって、関東大震災は東京の地震というよりも、神奈川県の地震という方が適切である。

これは一例であり、他の可能な接続表現もある。例えば、最初の文は「関東大震災は東京での被害があまりに大きかった。そのため、東京の地震と思われがちである」と二つの文に分けてもよいし、「そのため」ではなく「だから」や「それゆえ」でもよい。だいじなことは、接続関係が的確に捉えられ、それがきちんと言葉で表現されているかどうかである。的確につながれてさえいれば、多少語調は不自然でも、いまはあまり気にしない方がよい。なめらかな文体というものもだいじだが、そのことに気を奪われると、語調モードから抜け出せないことになってしまう。

なお、細かい点を説明しておこう。「確かに」を挿入したのは、次の「しかし」と呼応させて譲歩の意味合いを明確にするためである。「なるほど」などでもよい。「また、震源域も」と「も」にしたのは、付加の関係を強調するためである。ここは「は」のままでも問題はない。

さて、もう一度、問題例文14と書き直し例文15を読み比べてみてほしい。一文ごとに見ると、とくに意味の分からない文はない。しかし、接続表現がないと全体の流れが見えてこない。読んでもすっと頭に入ってこないのではないだろうか。接続表現のだいじさが実感できるだろう。

問題例文16

①高齢者を取り巻く社会状況は大きく変化している。②最大の要因は公的年金の支給開始年齢が徐々に60歳から65歳まで引き上げられつつあることである。③日本の企業の多くは定年年齢を60歳に設定しているが、④定年と年金支給開始の間に最大で5年間のギャップが生じることになる。⑤給付額についても抑制する方向に進む公算が大きい。⑥男女とも平均寿命が延びており、⑦定年後の所得補償が以前にもまして重要になってきている。⑧政府も高齢者の雇用促進に力を入れている。⑨高年齢者雇用安定法を改正し、定年後から65歳までの雇用を確保するよう、企業に対応を義務づけるなどした。

まず、問題として出されたという意識をもたずに、何気なく読んでみてほしい。たんなる語調モードではなく、理解モードで読んでみる。おそらく、それなりに理解できるだろう。この程度の文章ならば、世の中にいくらでもある。書き直す必要などない、そう感じた人もいるかもしれない。

だが、まさにそこに私の狙いがある。私は、わざとそれなりに読めてしまうようにこの問題例文を作成した。これではだめなのだということを分かってほしいからである。できるだけ読み手に負荷をかけないようにすること。一読してすっと頭に入ってくる文章。それをめざしてほしい。なにも名文を書く必要はない。いわゆる「達意の文章」を書けるようにしてほしいのである。

問題例文16はどうだろうか。確かに、よく読めば内容は理解できる。だが、よく読まなければ理解できない。なんだか頭に入ってきにくい。そんな文章ではないだろうか。もっと読み手に親切な、耳で聞いただけでも内容が伝わるような文章にしたい。

文章を書くとき、自分では内容が分かっている。しかし、読む人はそうではない。ここに、文章を書くときの落とし穴がある。書き手にとっては歩きなれた道だろうが、読み手にとってははじめての道なのである。だから、道しるべを立ててあげなければいけない。文章における道しるべ、それが、接続表現である。

問題例文16は道しるべをほとんど取り払ってある。そこで、可能なかぎり読み手に親切に、道しるべ——接続表現——を示して、達意の文章にしていただきたい。

問32　適切な接続表現を補うなどして、問題例文16を書き直せ。

まず解答例を示そう。

書き直し例文17（訂正した箇所には傍線を引いてある。）

①高齢者を取り巻く社会状況は大きく変化している。②その最大の要因は公的年金の支給開始年齢が徐々に60歳から65歳まで引き上げられつつあることである。③他方、日本の企業の多くは定年年齢を60歳に設定している。④その結果、定年と年金支給開始の間に最大で5年間のギャップが生じることになる。⑤さらに、給付額についても抑制する方向に進む公算が大きい。⑥しかも男女とも平均寿命が延びている。⑦したがって、定年後の所得補償が以前にもまして重要になってきている。⑧そのため、政府も高齢者の雇用促進に力を入れている。⑨例えば、高年齢者雇用安定法を改正し、定年後から65歳までの雇用を確保するよう、企業に対応を義務づけるなどした。

修正点を説明しよう。

②にはとくに接続表現は不要である。しかし、「最大の要因」が①の内容を受けていること

とを明示するために「その最大の要因は」とした。

③の「日本の企業の多くは定年年齢を60歳に設定しているが」における「が」は不適切である。「が」という助詞は逆接以外のつなぎ方にも用いられ、便利である反面、接続関係が曖昧になる。他の接続表現と組み合わせて使うか、使わないようにした方がよい。

では、②〜④のつながり方はどうなっているのだろうか。内容を書き出してみよう。

② 公的年金の支給開始年齢が65歳に引き上げられつつある。
③ 日本の企業の多くは定年年齢を60歳に設定している。
④ 定年と年金支給開始の間に最大で5年間のギャップが生じる。

まず②の公的年金の支給開始年齢と③の定年年齢とが対比され、それを引き算して「最大で5年間のギャップ」(④) が導かれている。そこで、②と③を「他方」のような接続表現でつなぎ、そこから「その結果」とつなげて④を導いた。

さらに④に続けて、給付額も抑制方向に進む (⑤) と、平均寿命が延びている (⑥) が付加され、④〜⑥を理由として、定年後の所得補償が重要 (⑦) と結論される。そこで、④に⑤と⑥が付加されることを表すため、付加の接続表現を使おう。「また」や「そして」でもよいが、解答例では④に加えて⑤や⑥という根拠を積み重ねていく感じを出すため、「さらに」と「しかも」を用いた。

⑦「定年後の所得補償が重要になってきている」ということは、⑧「政府も高齢者の雇用促進に力を入れている」ことの理由になっている。言い換えれば、⑧は⑦の帰結である。そこで、⑦と⑧は帰結の接続表現でつなぐ。解答例では「そのため」としておいたが、「それゆえ」などでもよいだろう。

⑨の高年齢者雇用安定法改正の話は、文末の「など」に示されているように、政府の対応の一例であるから、それを表すために「例えば」でつないだ。

こうした点を修正したものが、解答例である。元の問題例文［before］と修正後の解答例［after］を並べてみるので、読み比べてみてほしい。この問題の狙いはむしろそこにある。問題例文16を読んで「これではだめだ」と思うようになってもらいたい。最初、「これでいいのでは？」と思った人も、修正後の文章を読めば、問題例文16のような文章ではだめなのだということが分かるのではないだろうか。

［before］　高齢者を取り巻く社会状況は大きく変化している。最大の要因は公的年金の支給

開始年齢が徐々に60歳から65歳まで引き上げられつつあることである。日本の企業の多くは定年年齢を60歳に設定しているが、定年と年金支給開始の間に最大で5年間のギャップが生じることになる。給付額についても抑制する方向に進む公算が大きい。男女とも平均寿命が延びており、定年後の所得補償が以前にもまして重要になってきている。政府も高齢者の雇用促進に力を入れている。高年齢者雇用安定法を改正し、定年後から65歳までの雇用を確保するよう、企業に対応を義務づけるなどした。

［after］　高齢者を取り巻く社会状況は大きく変化している。その最大の要因は公的年金の支給開始年齢が徐々に60歳から65歳まで引き上げられつつあることである。他方、日本の企業の多くは定年年齢を60歳に設定している。その結果、定年と年金支給開始の間に最大で5年間のギャップが生じることになる。さらに、給付額についても抑制する方向に進む公算が大きい。しかも男女とも平均寿命が延びている。したがって、定年後の所得補償が以前にもまして重要になってきている。そのため、政府も高齢者の雇用促進に力を入れている。例えば、高年齢者雇用安定法を改正し、定年後から65歳までの雇用を確保するよう、企業に対応を義務づけるなどした。

問題例文16は、接続表現を使っていないという点で、だめな文章だった。もうひとつの、さらにいっそうだめなタイプの文章が、つなぎ方が曖昧な文章である。道しるべに喩《たと》えるならば、前者は道しるべのない道、後者は曖昧な道しるべが立てられている道である。例えば、先にも述べた「日本の企業の多くは定年年齢を60歳に設定しているが」における助詞「が」などは曖昧なつなぎ方の典型である。このような曖昧なつなぎ方だと、ずるずるといくらでも文章をつなぐことができる。最後は、そんな問題を出してみよう。

頭が痛くなるような悪文であるから、うんざりした読者はとっとと次ページのヒントを読み、内容を把握してから、接続表現を補って書き直す作業をしてくれてかまわない。

問題例文18

寒い地域には針葉樹が育つが、なぜ針葉樹が寒さに強いかというと、広葉樹は導管というストローのような組織を用いて、根で吸い上げた水を運んでいるが、針葉樹は進化的には古いタイプの植物であり、導管がなく、仮導管という古いやり方をとっていて、細胞の間にある小さな穴を通して、いわばバケツリレーのようにして細胞から細胞へと水を伝えるのであり、このやり方は水を運ぶ効率がすこぶる悪いのだが、一点だけ、凍結に強いという利点があって、水が凍ると、氷が溶けるときに気泡が発生し、導管の場合には、その気泡によって水の流れが中断されてしまい、水を吸い上げることができなくなってしまうが、仮導管の場合には、細胞から細胞へと少しずつ水を移していくやり方で、氷が溶けたときに発生する気泡によって水の流れが中断するということも起きにくく、針葉樹は極寒の地でも生きていけるのである。

問33　適切な接続表現を補うなどして、問題例文18を書き直せ。

問33のヒント

まず前半から見よう。内容を取り出し、番号を振っておく。

①　寒い地域には針葉樹が育つ。
②　なぜ針葉樹が寒さに強いのか。
③　広葉樹は導管で水を運ぶ。
④　針葉樹は古いタイプの植物である。
⑤　（針葉樹には）導管がなく、仮導管という古いやり方をしている。
⑥　（仮導管は）細胞の間にある小さな穴を通して、細胞から細胞へと水を伝える。
⑦　このやり方は水を運ぶ効率がすこぶる悪い。
⑧　（仮導管には）凍結に強いという利点がある。

①と②は問題提起である。③以降で「なぜ針葉樹は寒さに強いのか」という問いに対する答えが述べられる。

そこで広葉樹と比べて、広葉樹にはない針葉樹の特徴が説明される。それが、③〜⑤である。そして⑥で「仮導管」とは何かを説明し、そのやり方には効率が悪いという欠点がある

（⑦）が、凍結に強いという利点がある（⑧）と言われる。ここまでが、前半である。続けて後半を見よう。

⑨水が凍ると、氷が溶けるときに気泡が発生する。
⑩導管の場合には、その気泡によって水の流れが中断される。
⑪（導管は）水を吸い上げることができなくなる。
⑫仮導管は、細胞から細胞へと少しずつ水を移すやり方である。
⑬（仮導管の場合は）気泡による水の流れの中断が起きにくい。
⑭針葉樹は極寒の地でも生きていける。

⑨〜⑪は、導管が凍結に弱いことの説明である。少し補足しておこう。ストローをイメージしていただきたい。ストローの中の水がいったん凍り、それが溶ける。そのときに、氷が閉じ込めていた空気が出てきてストローの中に気泡が発生する。その気泡がストローの水を上下に分断してしまうと、ストローは水を吸い上げられなくなってしまうのである。

⑫と⑬では、仮導管の場合には気泡による水の流れの中断が起きにくいことが説明される。少しずつ水を運ぶという効率の悪いやり方が、逆に氷が溶けたときに生じる気泡によるトラ

ブルを防いでいるのである。

ここまでの話をまとめてみよう。寒冷地で植物が生きようとするとき、根から吸い上げた水の凍結が問題となる。氷が溶けるときに氷に含まれていた気泡が出てくる。それが水の流れを中断してしまう。ところが、針葉樹の場合には少しずつバケツリレーのようにして水を運ぶというやり方なので気泡の問題が発生しにくいというわけである。

以上から、最後に⑭「針葉樹は極寒の地でも生きていける」と結論される。余談であるが、私としては進化の観点からは旧式で効率の悪いやり方が、逆にその効率の悪さゆえに逆境に強いという、なんとも示唆に富んだ話に思えるのだが、どうだろうか。

では、内容を把握したところで、書き直してみよう。

書き直し例文19

寒い地域には針葉樹が育つ。では、なぜ針葉樹は寒さに強いのだろうか。広葉樹は、導管というストローのような組織を用いて、根で吸い上げた水を運んでいる。しかし、針葉樹は進化的には古いタイプの植物であるから、導管がなく、仮導管という古いやり方をとっている。すなわち、細胞の間にある小さな穴を通して、いわばバケツリレーのようなやり方で細胞から細胞へと水を伝えるのである。このやり方は水を運ぶ効率がすこぶる悪い。しかし、一点だけ、凍結に強いという利点がある。水が凍ると、氷が溶けるときに気泡が発生する。導管の場合には、その気泡が大きくなり、水の流れが中断されてしまう。そしてそれによって水を吸い上げることができなくなってしまう。しかし、仮導管の場合には、細胞から細胞へと少しずつ水を移していくやり方であるから、氷が溶けたときに発生する気泡によって水の流れが中断するということも起きにくい。したがって、針葉樹は極寒の地でも生きていけるのである。

明確で分かりやすい文章を書くのであれば、一つひとつの文はなるべく簡潔なものにした方がよい。そしてそれを的確な接続表現でつなぐ。

接続表現は文章における道しるべである。自分が分かっていることは人も分かるはずだというひとりよがりな態度は、道しるべのない文章や曖昧な道しるべが立てられた文章を生むだろう。相手のことを考え、迷いそうなところには的確な接続表現を使う。それによって、文章の流れが見えてくる。流れが見えてこない文章は、たとえ一つひとつの文の意味が分かったとしても、「達意」というにはほど遠いものでしかない。

言葉をきちんとつなぐこと それは人と人をつなぐことでもあるんだよね
たまにはいいこと言うじゃん!
CONNECT
ガしっ

5 文章の幹を捉える

5－1 枝葉を切り取り、幹の形を見きわめる

文章を木に喩えよう。幹があり、大小の枝があり、葉が繁っている。幹とは筆者の中心的主張である。そして、それを取り巻いてさまざまな枝葉がある。より分かりやすく説明したり、具体例を挙げたり、補足したり、横道にそれたりといった部分が、多くの場合に枝葉となる。

枝葉を切り取ると幹の姿が見えてくる。おそらく、「読む」ということが苦手な人は、そこに並んでいるすべての文、すべての言葉が、等しい重みに感じられているに違いない。幹も枝葉も区別なく、ただ入り組んだ藪《やぶ》のように見える。それでは、読むのもつらいだろう。文章を読むときには、幹と枝葉を区別しなければいけない。

そこで、要約の練習をしよう。要約するとは、たんに文章を短くするというだけのことで

はない。文章の枝葉を切り取り、幹だけを残す。だから、要約の練習をすることによって、言葉の重みに対する感覚が鍛えられ、メリハリのある読み方ができるようになる。より速く、より正確に内容が捉えられるようになる。

さらに、幹と枝葉を区別することは、自分で文章を書くときにも決定的に重要な力となる。その区別を無視して書くと、たんに藪のような文章になってしまうだろう。要約の練習は、国語力を鍛えるもっとも効果的な方法なのである。

練習に先立ってひとこと注意しておこう。言うまでもなく、「言葉の重み」とは「重い」か「軽い」かきっぱり分かれるというものではない。より重い、より軽い、あるいはどちらともつかない——程度差があり、微妙な場合もある。それは実際の樹木でも幹か枝葉か微妙なものがあるのと同様である。そこで、要約するときには、何通りかの字数で異なる要約文を作ってみることがよい練習になる。200字の要約ならば残す部分が、100字では削るということが起こる。それはつまり、その部分の重要さの程度を示している。

また、重要なのはあくまでも言葉の重みに対する「感覚」である。これからいくつかの方針をアドバイスしていくが、要約のためのマニュアルがあるわけではない。同じ言葉であっても、その軽重は文脈によって変わるため、ケース・バイ・ケースで判断するしかない。私が与えるアドバイスも、あくまでも目安として利用してほしい。

では、長い文章に挑戦する前に、基本練習として短い文章から幹を取り出す問題をやってみよう。さしあたり問題練習を通して私がアドバイスを与えることが目的であるから、あまり考えこまずに、いまのあなたの感覚で答えてくれればよい。

問題例文20

①観光地の寺院の多くは拝観料を取るが、②神社は基本的に参拝するだけならば無料である。③例えば、伊勢神宮も出雲大社も拝観料は取らない。④ただし、例外はもちろんあり、日光東照宮などはけっこう高い拝観料を取る。

問34 問題例文20を40字程度で要約せよ。

③の「例えば」に注意しよう。③は②の「神社は基本的に参拝するだけならば無料」に対する具体例である。あくまでも例として挙げているのであって、伊勢神宮と出雲大社は参拝料を取らないということが言いたいことの中心ではない。

アドバイス1――具体例は多くの場合に切り取ることができる。

次に注意するのは、④の「ただし」である。「神社は基本的に無料」なのだが、「ただし例外もある」と補足説明を加え、正確を期している。もっとも、読む人の関心によってはむしろこっちの方が重要な情報になるかもしれない。ちなみに、日光東照宮の拝観料は大人一名1300円（二〇一八年七月現在）である。

アドバイス2――補足説明は多くの場合に切り取ることができる。

問34の解答例　観光地の寺院の多くは拝観料を取るが、神社は基本的に参拝するだけならば無料である。（40字）

指定された字数が20字程度であれば、問題例文20は寺院のことよりも神社のことの方が中心的であるから、①も切り取り、②だけを残すことになる。

問題例文21

①年寄りといっても何歳から年寄りだという明確な定義があるわけではないが、まあそれはいいことにして、②年寄りはどうにも話がくどい。③一言で済む話を何度も繰り返したり、脱線してなかなか元に戻らないなんてこともしょっちゅうである。④そんなことを言うとすかさず「おまえはどうなんだ」という野次が聞こえてきそうであるが。⑤ともかく、老人はくだくだと牛のよだれのごとく話が長い。

問35　問題例文21を10字程度で要約せよ。

①は横道である。要約では、横道への脱線はすべてばっさりと切り取ろう。④も脱線気味の付け足しであるから、切り取ってよい。

アドバイス3――横道への脱線は切り取る。

③は②をより具体的に説明したものであるから、切り取ってよい。

最後の⑤を見よう。②を言葉を多少変えて繰り返したものである。一般に、中心的主張は繰り返し述べられることがある。しかし、そのすべてを要約文に残す必要はない。要約にもっとも適切なものを一つ残すか、繰り返されたものを自分で一つにまとめるかする。

アドバイス4――繰り返しは適切なものを一つ残すか、自分で一つにまとめる。

かくして、問題例文21を要約すればこうなる。

問35の解答例　年寄りは話がくどい。（10字）

問題例文22

①いまでは「ポチ」なんていう名の犬はむしろ珍しいのに、犬の名前というと「ポチ」がまず思い浮かぶ。②いったいどうして「ポチ」なのだろう。③ある説によると、明治時代に外国人がぶち犬に対して“spotty”（まだらの）と言うのを聞いたからだという。④「スポッティ」が「ポチ」として犬の名前になったのだ。

問36 問題例文22を60字程度で要約せよ。（アルファベットは2文字で1字分とする。）

60

①と②は導入部である。導入部は本論に入る前の準備であるから、基本的に要約では切り取ってよい。

アドバイス5――導入部は多くの場合に切り取ることができる。

③と④で中心的主張が述べられている。ただし、③と④をそのままつないだのでは、いきなり、「“spotty”（まだらの）と言うのを聞いたからだ」となり、何のことだか分からない。そこで、③と④をもとに60字程度の文にまとめよう。

問36の解答例　ある説によると、明治時代に外国人がぶち犬に対して“spotty”と言うのを聞いて、それが「ポチ」として犬の名前になったとされる。（60字）

いま、導入部は基本的に切り取れるとアドバイスした。しかし、導入部には要約するさいにひじょうに重要なことが書かれている場合があるので、注意しなければならない。ここまでは「幹と枝葉」という比喩を用いてきたが、いま注目したいのは「枝葉」というよりはむしろ「根」と呼ぶべき部分である。

木に根っこがあるように、文章にも根っこがある。問題例文22では、②「いったいどうして「ポチ」なのだろう」という問いかけが、この文章の「根」である。そしてこの問いかけに対する答えが、中心的主張＝幹となる。

文章はたいていの場合になんらかの求めに応じるために書かれている。何か問題が立てられ、その問題に答えるためにその文章が書かれることも多い。例えば、「なぜ「ポチ」が犬の名前として一般的とされるのか？」とか、「国語力を鍛えるにはどうすればよいのか？」といった問いに答えようとして書かれる。あるいは、もっと漠然と「ビールの歴史について教えてください」という要求に答えるといった場合もあるだろう。

そこで、文章を要約する前に、「いったいこの文章はどういう問いかけや要求に答えようとして書かれているのだろう」と考えてみる。つまり、文章の根をはっきりさせるのである。根が捉えられれば、何が幹であるかもはっきりしてくる。

木の根が地中に隠れているように、文章の根も表立って書かれていないことがある。しかし、その文章がどういう問いや要求に答えようとしたものなのかが、導入部として述べられていることも多い。そのような場合には、導入部はひじょうに重要なものとなる。まず導入部で的確にその文章の根を捉える。それによって、その後に書かれることになる文章の幹が捉えやすくなるのである。

5-3 解説と根拠を要約でどう扱うか

問題例文23

①男女の違いとして考えられていることのうちには、ジェンダーと捉えるべきものも多い。②すなわち、生物学的な性差ではなく、社会における制度や慣習の中で生まれた性差である。③例えば、男性の方が攻撃的で女性の方が優しいという捉え方は私たちにとって一般的だが、女性の方が男性より攻撃的だとされる社会もある。

中心的主張を分かりやすくするために、しばしば中心的主張に対する解説の文章がつけられる。分かりにくい表現を分かりやすく言い換えたり、敷衍《ふえん》して説明したり、具体例を示したりする。具体例についてはアドバイス1で「切り取ることができる」と述べておいたが、こうした解説の言葉も要約では基本的に切り取ることができる。要約は内容のエッセンスであるから、分かりやすくするための工夫は必要最小限でよい。

アドバイス6――中心的主張に対する解説は基本的に切り取ってよい。

問37　問題例文23を40字程度で要約せよ。

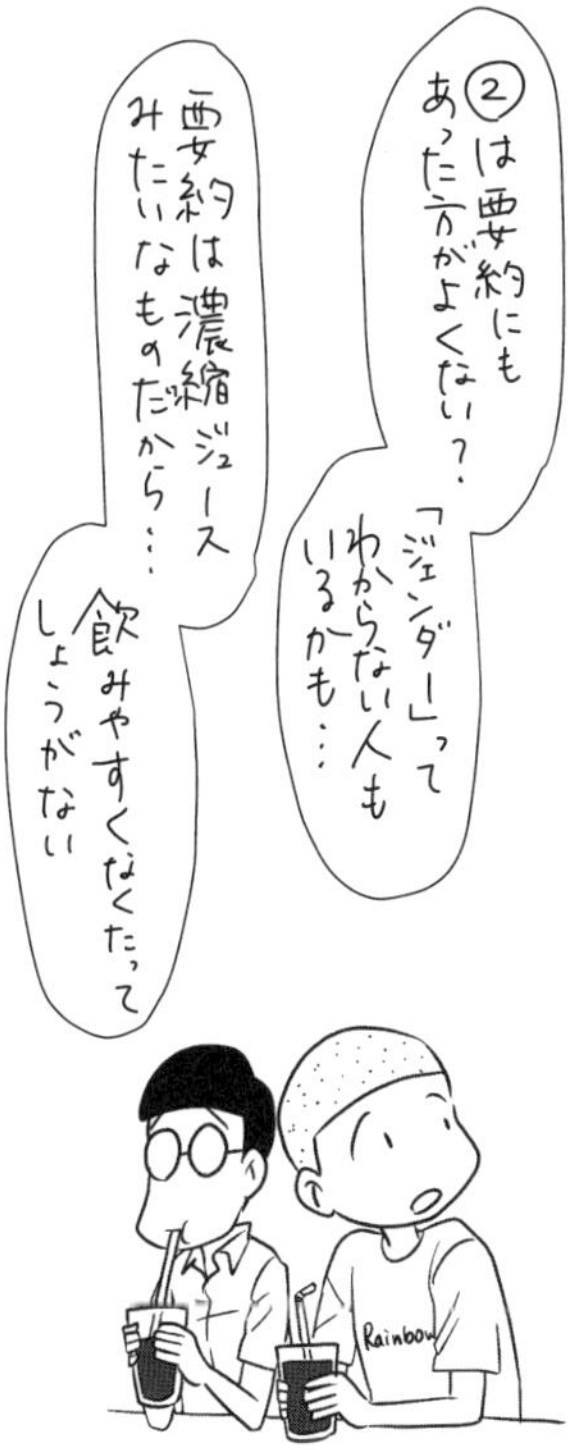

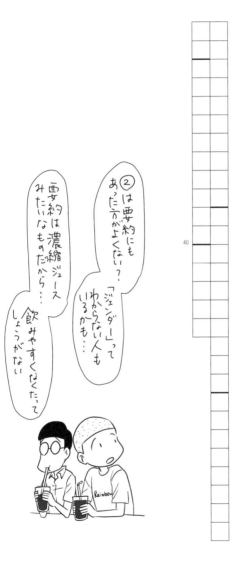

②は要約にも
あった方がよくない？
「ジェンダー」って
わからない人も
いるかも…
要約は濃縮ジュース
みたいなものだから…
飲みやすくなくたって
しょうがない

もちろん「ジェンダー」とは何かを解説した文章であれば②の部分はむしろ中心的主張となるだろう。しかし問題例文23では中心的主張は①であり、②はその解説である。

問37の解答例　男女の違いとして考えられていることのうちには、ジェンダーと捉えるべきものも多い。（40字）

問題例文24

①国語力を鍛えるにはどうすればよいのだろうか。②それには要約の練習を繰り返すのがもっとも効果的だ。③文章には幹と枝葉がある。④ところが国語力のない人は文章の幹と枝葉の区別ができない。⑤要約するとは、枝葉を切り取り幹の姿をはっきりさせることである。⑥その作業を通して、幹と枝葉の区別に対する感覚が鍛えられる。⑦だから、要約の練習をすれば、確実に国語力が身につくのである。

中心的主張を納得してもらうためには、どうしてそのように言えるのか、その主張の根拠が示される。根拠は一応、幹ではなく枝とみなすことができるが、ひじょうに重要であり、太い枝である。だから、その文章全体を見て、根拠の部分がどのくらい重要かを判断し、同時に、どのくらいの長さの要約文を作成するのかを考えて、根拠の部分を要約に残すか切り落とすかを決めることになる。

アドバイス7――中心的主張に対する根拠はケース・バイ・ケースで判断する。

まず、問題例文24の中心的主張とそれに対する根拠の部分をはっきりさせておこう。

問38 (1) 問題例文24の中心的主張を示す文はどれか。番号で答えよ。

(2) 問題例文24において、中心的主張に対する根拠を示す文はどれか。番号で答えよ。

問39 問題例文24を30字程度で要約せよ。

冒頭の①に注意しよう。ここで「国語力を鍛えるにはどうすればよいのだろうか」と問いかけられる。これがこの文章の「根」である。つまり、この問いかけに対する応答が問題例文24の中心的主張となる。したがって、この文章の中心的主張は「国語力を鍛えるには要約の練習をするのがよい」と述べている②と⑦である。

そして、どうして要約の練習が効果的なのか、その理由が③〜⑥で述べられる。

問38の解答　⑴②、⑦　⑵③〜⑥

もしこの文章の根となる問いかけが、「どうして要約の練習が国語力を鍛えるのに効果的なのか」というものであれば、③〜⑥の部分は中心的主張ということになっただろう。

中心的主張かどうかを判断するのに、文章の根を捉えるのはきわめて重要なのである。だいじなことを言っている文が中心的主張なのではない。その文章の根にある問いかけや要求に答えている部分を、中心的主張として取り出さねばならない。

そこで、問題例文24では③〜⑥の部分は枝として切り落とすことになる。ただし、太い枝であるから、要約文の長さによっては残すことも考えられるだろう。

問39の解答例　国語力を鍛えるには要約の練習を繰り返すのがもっとも効果的だ。（30字）

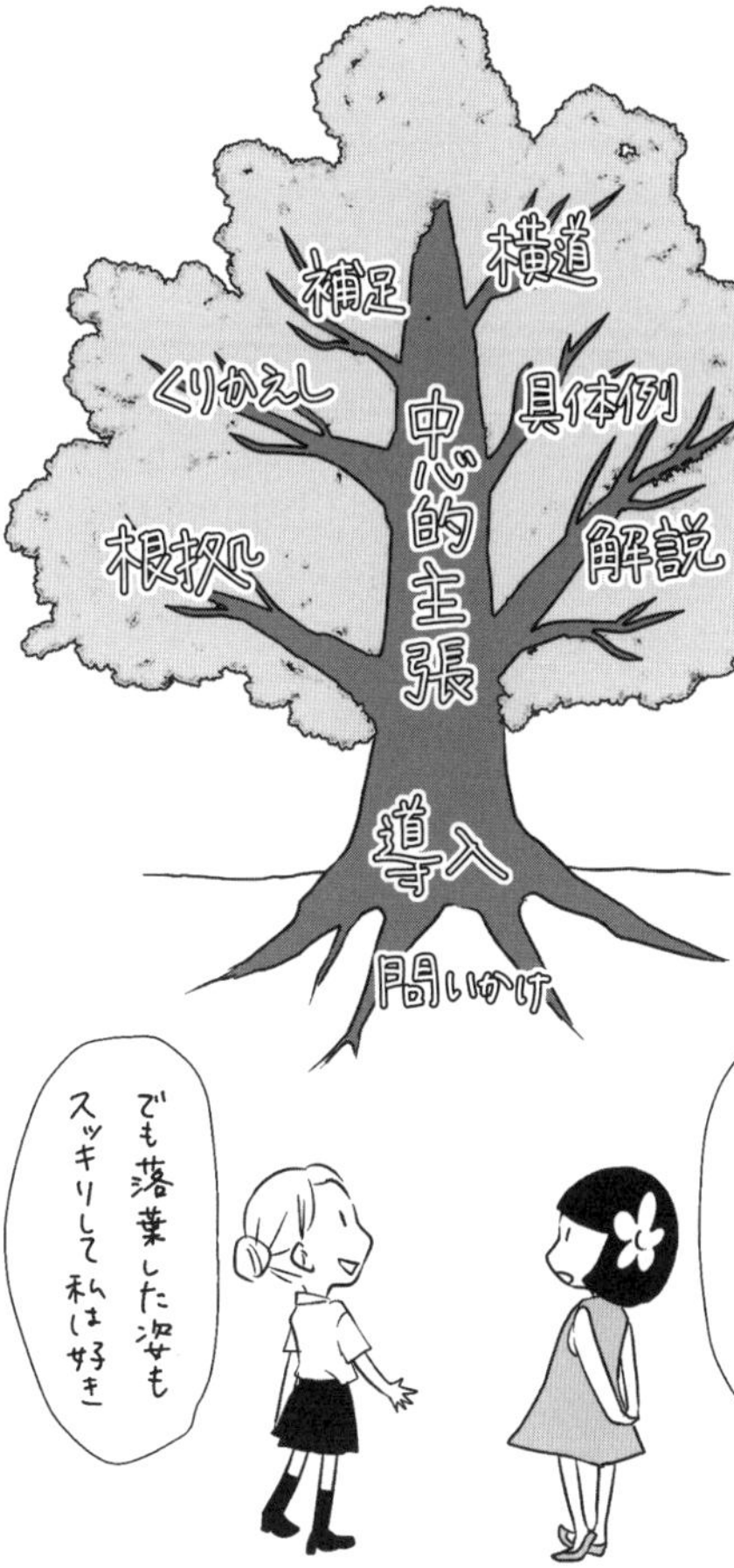

5-4　要約の下準備

もう少し長い文章で要約の練習をしよう。

まず、これまでに挙げた七つのアドバイスをまとめておく。

アドバイス1――具体例は多くの場合に切り取ることができる。
アドバイス2――補足説明は多くの場合に切り取ることができる。
アドバイス3――横道への脱線は切り取る。
アドバイス4――繰り返しは適切なものを一つ残すか、自分で一つにまとめる。
アドバイス5――導入部は多くの場合に切り取ることができる。
アドバイス6――中心的主張に対する解説は基本的に切り取ってよい。
アドバイス7――中心的主張に対する根拠はケース・バイ・ケースで判断する。

長い文章の場合には、一度文章を読んだだけでいきなり要約文を書くのは無理である。そこで、要約文を書く前に、下準備をする。文章の中で、切り落とす部分と残す部分の候補を区別していく。自分のやり方を工夫してくれてよいが、ここでは、切り取る部分を（　）でくくることにしよう。

だいじなことは、読み始めてすぐにこの作業に取りかからないこと。横道や具体例はかなりはっきりと切り落とせる部分なので、そうした箇所はすぐに括弧にくくりたくなるだろう。しかし、一見横道に見えるものが文脈によっては本筋であったり、その文章では具体例が重要であったりすることもある。とにかく最後まできちんと読むこと。そして全体を視野に入れた上で、もう一度最初から作業をしていく。

切り落とし作業も一度で完成させる必要はない。まず問題なく切り落とせると分かるものを括弧でくくっていく。迷ったなら残しておこう。

おおまかな切り落としをしたら、残った部分だけつないで読んでみる。そうすると、さらに切り落とせる部分が見えてくるかもしれない。そうして何度も読み直しながら作業していく。切り落とす作業が一通り完了したならば、残った部分を幹の候補として、マークする。線を引いてもいいし、マーカーペンで色をつけてもよい。

最後に、その部分を用いて要約文を作る。そのさい、必要があれば、適当に自分で簡潔な文章に書き直そう。
いわば、「切って・つないで・書き直す」というわけであるが、この節では初級編として、「切って・つなぐ」までを主に練習しよう。さらに書き直す作業も加わった中級編は次の節で練習する。

問題例文25

①発酵を利用した食品は数多くある。②味噌《みそ》、醤油《しょうゆ》、チーズ、ヨーグルト、キムチ、等々。③他方、腐敗した食品は食べられない。④では、腐敗と発酵がどう違うか、ご存じだろうか。⑤実は、腐敗と発酵の区別は科学的なものではない。⑥腐敗も発酵も、どちらも微生物が有機物を分解することを言う。⑦例えば、煮豆を放置して枯草菌《こそう》が生え、ネトと呼ばれる粘性の物質やアンモニア臭が発生すれば、腐敗とされる。⑧他方、蒸した大豆に枯草菌を生やして納豆を作る場合には発酵とされる。⑨つまり、人間にとって有用なものは発酵と呼ばれ、有用でないものは腐敗と呼ばれるのである。

問40 (1) 問題例文25を55字程度で要約せよ。
(2) 問題例文25を35字程度で要約せよ。

「55字程度」と「35字程度」という二種類の指示があるのは、55字程度の要約なら残すが、35字程度の要約なら切り落とすという判断をすることによって、文の重みに対する感覚を鍛えようという意味である。

では、要約文を作成する前に、切り落とせる部分を括弧でくくり、要約に残す候補の部分に線を引くという作業をしよう。

(あんたはせっかちだから
すぐに枝葉の切り落としを
始めちゃうけど、)まず最後
まで読んで(全体の流れを
頭に入れること。(わかった?)

問題例文25の切り落とし作業例

〔①発酵を利用した食品は数多くある。②味噌、醬油、チーズ、ヨーグルト、キムチ、等々。③他方、腐敗した食品は食べられない。④では、腐敗と発酵がどう違うか、ご存じだろうか。〕⑤実は、腐敗と発酵の区別は科学的なものではない。〔⑥腐敗も発酵も、どちらも微生物が有機物を分解することを言う。⑦例えば、煮豆を放置して枯草菌が生え、ネトと呼ばれる粘性の物質やアンモニア臭が発生すれば、腐敗とされる。⑧他方、蒸した大豆に枯草菌を生やして納豆を作る場合には発酵とされる。〕⑨つまり、人間にとって有用なものは発酵と呼ばれ、有用でないものは腐敗と呼ばれるのである。

①〜④は導入部である。ここで「腐敗と発酵の違いは何か」という問い（根）が提示されている。問題例文25では、導入部を切り落としても要約文が分かりにくくなるとは考えられないので、切り落としてよいだろう。

⑤「腐敗と発酵の区別は科学的なものではない」と⑥「腐敗も発酵も、どちらも微生物が有機物を分解することを言う」については迷うかもしれない。この文章が「腐敗とは何か」

「発酵とは何か」という問いに答えるものであれば、⑥を残すことになる。しかし、いま問われているのは「腐敗と発酵の違いは何か」である。それゆえ、残すとすれば⑤であり、⑥は枝葉として切り取ってよい。

「腐敗と発酵の違いは何か」という問いに答えているのは、⑤ではなく、⑨「人間にとって有用なものは発酵、有用でないものは腐敗」という箇所である。そこで、35字程度の要約であれば⑤は切り落とし、55字程度の要約では残すことにする。

⑦⑧は具体例であるから枝葉とみなしてよい。

さて、線を引いた部分をもとに55字程度と35字程度の要約文を作ろう。

問40の解答例

(1) 腐敗と発酵の区別は科学的なものではなく、人間にとって有用なものは発酵と呼ばれ、有用でないものは腐敗と呼ばれる。(55字)

(2) 人間にとって有用なものは発酵と呼ばれ、有用でないものは腐敗と呼ばれる。(35字)

問題例文26

①食べ放題のバイキング料理で、払ったお金の元をとろうとして食べ過ぎ、かえって苦しくなってしまったという経験はないだろうか。②私たちはしばしばそうして元をとろうとする。③だが、この「元をとる」という考え方は不合理である。④すでに支払った料金は戻ってこない。⑤経済学の用語で言う「埋没費用(サンク・コスト——すでに費やされてしまって回収不可能なコスト)」である。⑥ならば、店に入ってしまった以上、料金のことは忘れて、その後の自分の行動を最適なものにした方がよい。⑦食べ放題の例で言えば、料理を前にして考えるべきは、いかに元をとるかではなく、いかに快適な食事をするかである。⑧それを、まだ元がとれていないと考えて苦しくなるまで食べるのは愚かというものだ。⑨とはいえ、庶民的な実感に即すならば、やはり料金分の量が

食べられないで店を出るのはくやしいというのも事実だろう。⑩だが、それは料金分の食事ができないにもかかわらずその店に入ってしまったことへの後悔であり、その店に入る前に考えるべきことである。

問41

(1) 問題例文26を80字程度で要約せよ。

(2) 問題例文26を20字程度で要約せよ。

要約文を作成する前に、下準備として切り落とし作業をしよう。繰り返すが、まず最後まで読んで全体の流れを頭に入れてから、切り落とし作業をすること。

問題例文26の切り落とし作業例

（①食べ放題のバイキング料理で、払ったお金の元をとろうとして食べ過ぎ、かえって苦しくなってしまったという経験はないだろうか。②私たちはしばしばそうして元をとろうとする。）③だが、この「元をとる」という考え方は不合理である。④すでに支払った料金は戻ってこない。（⑤経済学の用語で言う「埋没費用（サンク・コスト――すでに費やされてしまって回収不可能なコスト）」である。）⑥ならば、店に入ってしまった以上、料金のことは忘れて、その後の自分の行動を最適なものにした方がよい。（⑦食べ放題の例で言えば、料理を前にして考えるべきは、いかに元をとるかではなく、いかに快適な食事をするかである。⑧それを、まだ元がとれていないと考えて苦しくなるまで食べるのは愚かというものだ。）（⑨とはいえ、庶民的な実感に即すならば、やはり料金分の量が食べられないで店を出るのはくやしいというのも事実だろう。⑩だが、それは料金分の食事ができないにもかかわらずその店に入ってしまったことへの後悔であり、その店に入る前に考えるべきことである。）

①②は導入部であり、③で言われる「元をとる」という考え方をまず具体的に示している。要約では切り取ってよい。

⑤は残したくなるかもしれない。「埋没費用（サンク・コスト）」とか言われるとなんだかだいじそうにも思える。しかし、その文そのものがだいじかどうかではなく、その文がその文章全体の中で中心的役割をもっているかどうかを判断しなければいけない。（まず全体を読むこと！）もしこの文章が経済学用語の解説であり、「埋没費用とは何か」という問いかけを根としてもっているのであれば、⑤は中心的主張となるだろう。しかし、問題例文26の中心的主張はあくまでも「元をとるという考え方は不合理だ」ということである。それゆえ、経済学の用語で何と言うかといううんちくは、ここでは横道となる。

④と⑥の箇所で迷うかもしれない。④と⑥では中心的主張である③の根拠が述べられている。アドバイス7で述べたように、中心的主張に対する根拠は太い枝であり、要約に残すかどうかは、要約文の字数によって決めよう。

⑦⑧は、④と⑥で述べていることを食べ放題の例で具体的に説明したもの。

⑨⑩は、この合理的な判断が庶民的な実感に即していないように思われるということと、それに対する筆者の考えであるが、問題例文26全体の中では補足的な部分である。要約では枝葉として切り取ってよい。

問41の解答例

(1) すでに支払った料金は戻ってこないのだから、料金のことは忘れて、その後の自分の行動を最適なものにした方がよい。したがって、「元をとる」という考え方は不合理である。(80字)

(2) 「元をとる」という考え方は不合理である。(20字)

5-5　要約の練習をする——中級編

初級を終えて中級に進み、もう少し複雑な構造をもった文章の要約を練習しよう。

問題例文27

①最近の若者は「むかつく」という表現を頻繁に用いる。②自慢話ばかり聞かされてむかつく。③友だちにそっけなくされてむかつく。④それだけではない。⑤彼らは、ふつうなら怒る場合でも、「むかつく」と言うのである。⑥一緒に仕事をしている相手が

やるべきことをやらないとか、約束を守らないといったときにも、「怒った」とは言わず、「むかつく」と言う。⑦このことは、いったい何を意味しているのだろうか。

⑧怒ることは相手に向かっていくことであり、相手と対立することである。⑨他方、「むかつく」という言葉は、本来「食べ過ぎて胃がむかつく」のように使われる。⑩つまり、「むかつく」とは自分自身の生理的な感覚であって、相手に向かっていこうとする態度ではない。

⑪いまの若者たちは対立の回避をなによりも優先する優しい人間関係の中に生きている。⑫相手の気持ちに踏み込みすぎず、離れすぎない。⑬そんな距離感をつねに保とうとしている。⑭そのような人間関係を維持するには、対立を生む怒りは不適当である。⑮相手に怒りを向けると、親しいのだけれど親しすぎないという微妙な人間関係を壊してしまう。⑯だから、怒れない。⑰怒りという形で外に放出できない感情を、そうして自分の内側に抑え込む。⑱その胸のつかえ、不快感が、「むかつく」という言葉になって現れるのである。

問42　問題例文27を240字程度で要約せよ。

第一段落――ここでは、まず「むかつく」という言葉に関する事実が述べられる。

①で、最近の若者が「むかつく」という表現を頻繁に用いること、そして⑤で、ふつうなら怒る場合でも「むかつく」と口にすることが述べられる。問題例文27はこの事実を分析し、どうしてそうなるのかを説明したものであるから、①と⑤は残す。

②と③は①の具体例であり、⑥は⑤の具体例であるから、切り取る。

④「それだけではない」は、⑤でその内容が述べられているので、切り取ってよい。

①〜⑥の事実を踏まえて、⑦「このことは、いったい何を意味しているのだろうか」と問いが示される。この問いかけが文章全体の根であり、それに対する答えが、この文章の中心的主張となっている。⑦を残すかどうかは、要約文を作成する段階まで保留しておこう。

第二段落――「怒る」と「むかつく」の違いが述べられる。

⑨は、⑩の前半で、言いたいことがより明確に繰り返されているので、切り取ってよい。

第二段落では⑧と⑩を残そう。

第三段落――いま指摘された「怒る」と「むかつく」の違いを踏まえて、若者たちがどうして怒るのではなくむかつくのかという問いに対する答えが述べられる。

まず⑪で若者たちの人間関係のあり方が示される。

続く⑫⑬は⑪を解説したものであるから、切り取ってよい。

⑮と⑯は、⑭をより詳しく解説したものであるから、⑭を残し、⑮と⑯は切り取ろう。
⑰と⑱で、怒れないということが「むかつく」という形になって現れる事情が述べられる。ここがこの文章の結論部であるから、両方とも残しておこう。

ここまでが、切り落とし作業の最初の段階である。次に、残った部分を見直していこう。そうすると、一つの文の中にもまだ削れる部分が見つかる。

⑧の「相手に向かっていくことであり、相手と対立することである」は、ほぼ同じことの繰り返しであるから、より明確に述べられている「相手と対立すること」だけを残せばよいだろう。⑱の「胸のつかえ、不快感」も繰り返しであるから、どちらか一方でよい。このように、要約を仕上げていく過程で、より簡潔な表現を工夫しよう。

さて、幹の姿が見えてきたところで、保留しておいた⑦「このことは、いったい何を意味しているのだろうか」を考えよう。この問いかけがなくとも要約文の意味は通るだろうか。

——だいじょうぶそうである。ただし、⑦の問いかけを切り落とす場合には、この文章全体が説明しようとしている事実である①と⑤を、全体の結論のようにして、最後にまわすといった工夫をした方がより自然な要約文になるだろう。

とはいえ、⑦を残しても不正解ではないし、⑦を切り取って①と⑤をそのまま冒頭に残しても、不正解というほどではない。そのあたりはある程度自由に考えてよい。

問題例文27の切り落とし作業例

①最近の若者は「むかつく」という表現を頻繁に用いる。（②自慢話ばかり聞かされてむかつく。③友だちにそっけなくされてむかつく。④それだけではない。）⑤彼らは、ふつうなら怒る場合でも、「むかつく」と言うのである。（⑥一緒に仕事をしている相手がやるべきことをやらないとか、約束を守らないといったときにも、「怒った」とは言わず、「むかつく」と言う。）（⑦このことは、いったい何を意味しているのだろうか。）⑧怒ることは（相手に向かっていくことであり、）相手と対立することである。（⑨他方、「むかつく」という言葉は、本来「食べ過ぎて胃がむかつく」のように使われる。）⑩つまり、「むかつく」とは自分自身の生理的な感覚であって、相手に向かっていこうとする態度ではない。

⑪いまの若者たちは対立の回避をなによりも優先する優しい人間関係の中に生きている。（⑫相手の気持ちに踏み込みすぎず、離れすぎない。⑬そんな距離感をつねに保とうとしている。）⑭そのような人間関係を維持するには、対立を生む怒りは不適当である。

（⑮相手に怒りを向けると、親しいのだけれど親しすぎないという微妙な人間関係を壊してしまう。⑯だから、怒れない。）⑰怒りという形で外に放出できない感情を、そうして自分の内側に抑え込む。⑱その胸のつかえ、不快感が、「むかつく」という言葉になって現れるのである。

では、以上の作業に基づいて、240字程度の要約文を作成してみよう。

240

解答例では、①と⑤を全体の結論のようにして最後に移した。そして、結論であるから、その前に「だから」という接続表現を補っておいた。たとえ要約文でも不自然な日本語になってはいけない。自然な文章をめざそう。

問42の解答例　怒ることは相手と対立することである。他方、「むかつく」とは自分自身の生理的な感覚であって、相手に向かっていこうとする態度ではない。最近の若者は対立の回避を何よりも優先する優しい人間関係の中に生きている。そのような人間関係を維持するには、対立を生む怒りは不適当である。怒りという形で外に放出できない感情を、そうして自分の内側に抑え込む。その不快感が「むかつく」という言葉になって現れる。だから、「むかつく」という表現を頻繁に用い、ふつうなら怒る場合でも、「むかつく」と言うのである。（240字）

より上級の問題に挑戦してみたい人は、さらに少ない字数で要約文を試みてみよう。ある程度は原文の表現を利用しながら、しかしあまりそれにこだわることなく、必要があれば書く順番を入れ替えたりもして、より簡潔な表現を考えてみてほしい。

問43　問題例文27を100字程度で要約せよ。

100

問43の解答例　最近の若者は対立の回避を最優先する人間関係の中に生きている。だから、怒るのではなく、むかつく。怒りは対立を生むが、むかつくことは自分自身の生理的な感覚であり、相手に向かっていく態度ではないからである。（100字）

問題例文28

①徒競走、二人三脚、綱引き、玉入れ、玉ころがし、パン食い競走、あるいはフォークダンス。②運動会とは実に奇妙なスポーツ・イベントである。③外国にもこんな行事はあるのだろうか。④もちろん、スポーツの大会は外国にもある。⑤だが、運動会はない。⑥こんな種目をそろえた催しが学校や企業や地域で行われるのは、日本だけである。⑦ただし、第二次世界大戦中に日本に占領された南洋諸島では、この奇妙なイベントがいまも行われている地域があるという。⑧それもけっきょく、日本の文化がそこに定着したということにほかならない。⑨運動会は日本独特の文化なのである。

⑩なぜ日本にこのような文化が生まれたのだろうか。⑪運動会は明治時代に始まった。⑫最初の運動会は、明治七年、東京の海軍兵学寮でイギリス人教官の指導のもとに催された「競闘遊戯会」だとされている。⑬「遊戯番付《プログラム》」には、徒競走や跳躍以外に

豚の尻尾をつかんで走るといったものも含まれていた。⑭明治十一年には札幌農学校（後の北海道大学）で「力芸会《りきげいかい》」と名付けられた運動会が行われ、そこでは二人三脚、障害物競走、食菓競走（パン食い競走）といった種目が並んでいる。

⑮その頃は「スポーツ」の訳語も定まっておらず、「遊戯」「娯楽」「力芸」等々と訳されていた。⑯日本にはまだ「スポーツ」という概念がなかったのだ。⑰「スポーツ」は本来「プレイ（遊び）」と結びついているが、⑱日本人は「スポーツ」をその本来の意味に解し、⑲遊びの要素を自由に取り入れたイベントを作り出した。

⑳やがて各地で複数の学校が集まって連合運動会を催すようになった。㉑それは地域の行事となり、寺社の境内などが利用された。㉒その結果、運動会は祭りと組み合わされ、盆踊りや豊年満作踊りが踊られるようにもなった。㉓現在運動会でフォークダンスが踊られるのはその名残である。㉔さらに、明治政府の弾圧によって集会を禁じられた自由民権運動が運動会に目をつけた。㉕彼らは集会の代わりに「壮士運動会」と称する運動会を行った。㉖そして、「圧制棒倒し」「政権争奪騎馬戦」といった政治的主張を盛り込んだ新たな種目を考案した。㉗こうして、珍妙な種目に満ちた日本独自の不思議なイベントが形作られていったのである。

問44　問題例文28を300字程度で要約せよ。

まず全体を読んで、おおまかな流れを捉えよう。

最初に運動会は日本独特の文化だと指摘され、なぜこんな奇妙なイベントが生まれたのかと問いが立てられる。そして、明治時代に遊びの要素を取り入れたスポーツ・イベントが生まれ、そこにさらに奇妙な種目が加わっていった事情が説明される。全体はそのような流れになっている。

この流れを念頭において、順に検討していこう。

第一段落を見よう。

①②を導入部として、③で「外国にも運動会はあるのか」と問われる。そして、⑨で「運動会は日本独特の文化なのである」と答えられる。第一段落の中心的主張は⑨であり、③の問いかけ（根）がなくとも⑨だけで内容は伝わるので、③は削ってよい。①②は導入であるから、切り落とす。

④〜⑥で、「外国にはスポーツの大会はあるが運動会はない。運動会は日本だけ」と述べられるが、これは⑨の「運動会は日本独特の文化だ」と同じ趣旨である。そこで、要約としては、より簡潔な⑨を残し、④〜⑥は切り取ろう。

⑦⑧の、南洋諸島にも運動会があるという話は補足であるから、切り取る。

第二段落に移ろう。

⑩は第二段落以降の導入部であり、「なぜ日本にこのような文化が生まれたのか」と新たな問いが示される。文章は一本の根だけで成り立つわけではなく、複雑な文章になればこのように何本もの根、すなわち複数の問いかけがありうる。⑩の問いかけを残すかどうかは、

要約文を作成するときに判断しよう。とりあえず、残しておく。
続けて、この問いかけに対して、まず⑪「運動会は明治時代に始まった」と言われる。これは幹として残そう。⑫〜⑭は具体例であるから、枝葉として切り取ってよい。

具体例が面白いんだと思うけどね
要約文に面白さはいらない！

もしこれが、「日本で運動会が始まった頃、それはどのようなものだったのか」という問いかけを根としてもち、それに答える文章であったとすれば、「競闘遊戯会」や「力芸会」の様子は中心的主張となっただろう。しかし、この文章の根となる問いかけは、日本でこんな奇妙なイベントがなぜ始まったのか、その理由である。⑫〜⑭は、その理由を述べたもの

ではなく、「明治時代にこんな奇妙なイベントが始まった」という具体例であるから、問題例文28の要約としては切り落としてよい。

第三段落を見よう。

ここでは、「なぜこんな奇妙なイベントが行われるようになったのか」という問いかけに対する答えが書かれている。⑮の内容は「日本にはまだ「スポーツ」という概念がなかった」と⑯で繰り返されているので、⑯を残して⑮は切り取ってよい。⑰〜⑲で「スポーツ」を「遊び」と解したことが述べられる。だいじな内容であるから、幹として残す。

第四段落を見よう。

この段落は二つの内容に分かれている。前半⑳〜㉓では、運動会で踊りが踊られるようになった理由が述べられ、後半㉔〜㉖では、棒倒しや騎馬戦といった種目が登場した理由が述べられている。具体的に書かれているので、具体例として切り落としたくなった人もいるかもしれない。しかし、ここで述べられているのは、運動会に珍妙な種目が加わった理由であり、それは「なぜこんな奇妙なイベントが行われるようになったのか」という問いに対する答えの一部である。それゆえ、たんなる具体例として切り落としてはいけない。

そして両方を合わせて、最後の㉗で結論的にまとめられる。

第四段落の文章は、より簡潔なものにしていく必要はあるが、内容的にはこの文章の中心的主張であるから、とりあえずすべて残しておこう。

問題例文28の切り落とし作業例

（①徒競走、二人三脚、綱引き、玉入れ、玉ころがし、パン食い競走、あるいはフォークダンス。②運動会とは実に奇妙なスポーツ・イベントである。③外国にもこんな行事はあるのだろうか。④もちろん、スポーツの大会は外国にもある。⑤だが、運動会はない。⑥こんな種目をそろえた催しが学校や企業や地域で行われるのは、日本だけである。⑦ただし、第二次世界大戦中に日本に占領された南洋諸島では、この奇妙なイベントがいまも行われている地域があるという。⑧それもけっきょく、日本の文化がそこに定着したということにほかならない。）⑨運動会は日本独特の文化なのである。

⑩なぜ日本にこのような文化が生まれたのだろうか。⑪運動会は明治時代に始まった。（⑫最初の運動会は、明治七年、東京の海軍兵学寮でイギリス人教官の指導のもとに催された「競闘遊戯会」だとされている。⑬「遊戯番付」には、徒競走や跳躍以外に豚の尻尾をつかんで走るといったものも含まれていた。⑭明治十一年には札幌農学校

（後の北海道大学）で「力芸会」と名付けられた運動会が行われ、そこでは二人三脚、障害物競走、食菓競走（パン食い競走）といった種目が並んでいる。）

（⑮その頃は「スポーツ」の訳語も定まっておらず、「遊戯」「娯楽」「力芸」等々と訳されていた。）⑯日本にはまだ「スポーツ」という概念がなかったのだ。⑰「スポーツ」は本来「プレイ（遊び）」と結びついているが、⑱日本人は「スポーツ」をその本来の意味に解し、⑲遊びの要素を自由に取り入れたイベントを作り出した。

⑳やがて各地で複数の学校が集まって連合運動会を催すようになった。㉑それは地域の行事となり、寺社の境内などが利用された。㉒その結果、運動会は祭りと組み合わされ、盆踊りや豊年満作踊りが踊られるようにもなった。㉓現在運動会でフォークダンスが踊られるのはその名残である。㉔さらに、明治政府の弾圧によって集会を禁じられた自由民権運動が運動会に目をつけた。㉕彼らは集会の代わりに「壮士運動会」と称する運動会を行った。㉖そして、「圧制棒倒し」「政権争奪騎馬戦」といった政治的主張を盛り込んだ新たな種目を考案した。㉗こうして、珍妙な種目に満ちた日本独自の不思議なイベントが形作られていったのである。

傍線部分を単純につなげた文章を書き出してみよう。

運動会は日本独特の文化なのである。なぜ日本にこのような文化が生まれたのだろうか。運動会は明治時代に始まった。日本にはまだ「スポーツ」という概念がなかったのだ。「スポーツ」は本来「プレイ（遊び）」と結びついているが、日本人は「スポーツ」をその本来の意味に解し、遊びの要素を自由に取り入れたイベントを作り出した。やがて各地で複数の学校が集まって連合運動会を催すようになった。それは地域の行事となり、寺社の境内などが利用された。その結果、運動会は祭りと組み合わされ、盆踊りや豊年満作踊りが踊られるようにもなった。現在運動会でフォークダンスが踊られるのはその名残である。さらに、明治政府の弾圧によって集会を禁じられた自由民権運動が運動会に目をつけた。彼らは集会の代わりに「壮士運動会」と称する運動会を行った。そして、「圧制棒倒し」「政権争奪騎馬戦」といった政治的主張を盛り込んだ新たな種目を考案した。こうして、珍妙な種目に満ちた日本独自の不思議なイベントが形作られていったのである。（437字）

ここから、要求された300字をめざしてさらに削っていかねばならない。

まず、最初の切り落とし作業でとりあえず残しておいた「なぜ日本にこのような文化が生まれたのだろうか」という問いかけの部分はどうだろうか。——この問いかけがなくとも、要約文の意味が分かりにくくなることはなさそうである。削ることにしよう。

「盆踊りや豊年満作踊りが踊られるようにもなった」という箇所は面白いのでこのままにしておきたくもなるが、たんに「踊りが踊られるようにもなった」でよい。また、その後にある「現在運動会でフォークダンスが踊られるのはその名残である」という文は300字という制限のもとでは削ってもよいだろう。

「壮士運動会」「圧制棒倒し」「政権争奪騎馬戦」という名称も面白いので残したくなるが、より簡潔にするために削ることにする。(要約では面白さは犠牲にせざるをえない。)

300字という制限に合わせるためには、もう少し工夫しなければならない。さらに削れるところはないだろうか。あるいは、より簡潔な言い方に言い換えられるところはないだろうか。「明治政府の弾圧によって集会を禁じられた自由民権運動」は、たんに「集会を禁じられた自由民権運動」でよさそうである。また、「珍妙な種目に満ちた日本独自の不思議なイベント」は「日本独自の不思議なイベント」でよいだろう。こうして一文字でも減らせないかと苦労することによって、文章を作る力が鍛えられることになる。

こうした作業が終わったら、残ったものをつなげて要約文を作成しよう。とはいえ、たんにそのままつなげたのでは、不自然な日本語になってしまうだろう。そこで、適当に語句を修正したり補ったりして、自然な文章に仕上げてほしい。

問44の解答例　運動会は日本独特の文化である。運動会が始まったのは明治時代であり、その頃の日本にはまだ「スポーツ」という概念がなかった。そこで日本人は「スポーツ」を「プレイ（遊び）」と結びついた本来の意味に解し、遊びの要素を自由に取り入れたイベントを作り出した。やがて各地で複数の学校が集まって連合運動会を催すようになった。それは地域の行事となり、寺社の境内などが利用された。その結果、運動会は祭りと組み合わされ、踊りが踊られるようにもなった。さらに、集会を禁じられた自由民権運動が集会の代わりに運動会を行った。そして政治的主張を盛り込んだ新たな種目を考案した。こうして日本独自の不思議なイベントが形作られていった。（300字）

この章の最後の問題として、いま300字程度でまとめた要約文を半分の150字程度にまとめるという課題に挑戦してみてほしい。より難しくなるのは、幹を取り出してつなげるだけではなく、それをさらに簡潔な表現にするために、かなり書き直さなければならない点である。

もちろんある程度は原文を利用するが、あまり原文にこだわらずに、内容を簡潔に自分の言葉で新たに書いてみるような気持ちでやってみよう。字数と格闘しながら表現を切り詰めたり言い換えたりしていると、どういう言い方をするかということに対する感受性が研ぎ澄まされてくる。

問45 問44の解答例を利用して、問題例文28を150字程度で要約せよ。

150

さまざまな工夫が可能だろう。次の解答例も一例にすぎない。表現を簡潔にしていく努力がよい練習になるのであるから、あまり「正解」にこだわらなくともよい。

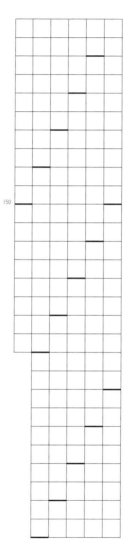

問45の解答例　明治時代の日本人は「スポーツ」を「遊び」と結びついた本来の意味に解し、遊びを盛り込んだ運動会を作った。各地で複数の学校が合同で運動会を行うようになり、祭りと組み合わせて、踊りも取り入れた。また自由民権運動も運動会を行い、政治的主張をこめた新たな種目を考案した。こうして日本独自のイベントが形作られた。（150字）

要約の練習をすると
文章の核心が
浮き上がってくるように
なるの
ホントよ

6　そう主張する根拠は何か

6―1　根拠を示さなければいけない

「根拠」とは、何ごとかを主張するときに、なぜそのように主張できるのかを述べた理由である。例を挙げてみよう。

例1　①温泉は体に大きな負担をかける。だから、②まず浴槽に入る前に何回かお湯をかけ、体をお湯に慣らしてから入浴すべきである。

②が主張したいことであり、なぜその主張が正しいのか、その根拠を①で述べている。例1における①は、②の主張に対する適切な根拠になっているが、後で見るように、中には根拠の形はしていても根拠として不適切であるような場合もある。そこでこの章の狙いは、

よい根拠とだめな根拠を判断できるようになることにある。

しかし、その前に、基本的なことを押さえておきたい。あなたはこんなふうに尋ねられて、きちんと答えられるだろうか。

どんな場合も根拠を示さないといけないのか？

なぜ根拠が必要なのか？

「理由」や「原因」は「根拠」と同じものなのか？

順に説明しよう。

どんな場合も根拠を示さないといけないのか？

答えは「ノー」である。どんな主張に対しても根拠を示さなければいけないわけではない。第2章で事実と考えを区別した。根拠を示す必要があるのは考えを述べるときである。事実は正しさがすでに確定していることがらであるから、ある主張が事実であると認められるならば、根拠を示す必要はない。例えば「イタリアの首都はローマである」と事実を述べるのに、どうしてそう言えるのかという根拠を示す必要はない。あるいは、「豊臣秀吉は刀狩を行った」という主張なども、事実かどうかはっきりしないときには根拠を示す必要があったが、それが事実であると認められたならば、もはや根拠を示す必要はない。いわば根拠は主張を支えてくれる杖のようなものであり、事実として認められた主張は、根拠という杖なしに独り立ちできるのである。

他方、自分の考えを述べる場合には、どうしてそう考えるのか、その根拠を示す必要がある。第2章「事実なのか考えなのか」で述べたように、「考え」はさらに「推測」と「意見」に区別されるが、どちらの場合も、根拠を示さなければいけない。

なぜ根拠が必要なのか?

例えば「明日の試験にはここが出ると思う」と推測を述べたとして、どうしてそう思うのか、その根拠が示されないのだとしたら、それはたんなる憶測、当てずっぽうということになる。「ここは毎年出ると先輩が言ってたから」とか「この箇所を先生は強調して二度繰返していたから」といった根拠が示され、その根拠が適切であれば、その推測もより大きな説得力をもつ。

あるいは、「誰でも一度は歌舞伎を見た方がいい」と意見を述べたとして、どうしてそう言えるのか根拠が示されなければ、それはたんに独断的な意見というにすぎない。「歌舞伎は日本の代表的な伝統芸能だから」といった根拠が示されることによって、その意見は説得力をもちうるのである。

事実を述べる場合と異なり、推測の場合も意見の場合も、聞き手はまだあなたの主張に納得してくれていないかもしれない。だから、その主張の説得力を増さなければいけない。そのために、根拠を述べる。根拠が示されていない推測は**憶測**にすぎず、根拠が示されていない意見は**独断**でしかない。

事実……根拠は示さなくてよい
考え
推測……根拠がないとたんなる憶測
意見……根拠がないとたんなる独断

問題例文29

①クマに出会ったらどうすればよいのか。②死んだふりをしろとよく言われるが、それはおすすめできない。③クマも自分より大きい相手とむやみに闘おうとは思わない。④しかも、彼らは相手の大きさを目の高さで判断していると思われる。⑤ヒグマでも体高は1メートルあまりしかないので、⑥目の高さだけなら人間も負けてはいない。⑦だから、横たわって死んだふりをするのではなく、立ったまま向かい合うのがよい。

問46　問題例文29において、⑦の根拠となる箇所をすべて答えよ。

①は導入の問いかけである。②「死んだふりをするのはおすすめできない」は⑦の前半で繰り返されている。残りの③〜⑥が、⑦に対する根拠になっている。

問46の解答　③〜⑥

もう少し詳しく見ておこう。注意すべきは、⑤「ヒグマでも体高は1メートルあまりしかないので」という箇所である。これは⑥「目の高さだけなら人間も負けてはいない」に対する根拠になっている。(ちなみにクマの体高とは四つん這いのときの高さである。立ち上がるともっと高くなるが、大きさ比較は通常の姿勢での目の高さで行われるらしい。)⑤が⑥の根拠となり、⑥と③④「自分より大きい相手とむやみに闘おうとは思わない。しかも、相手の大きさを目の高さで判断している」が合わさって、⑦の根拠になっている。これが問題例文29の根拠づけの構造である。

ところで、立ったまま向かい合って、それからどうするか。何でもよいから静かに話しかけるとよいのだそうである。なじみのない反応が返されてクマも戸惑い、興奮がさめて、立ち去っていくらしい。ただし、子グマを連れた母親はこのかぎりではない。

問題例文30

①日本語の「はひふへほ」はもともと「パピプペポ」と発音されていたと考えられる。②『枕草子』の冒頭も、「パルはあけぼの」だったのだ。③しかし、録音が残されているわけでもないのに、どうしてそんなことが分かるのだろうか。④それに対してはいくつか証拠がある。⑤室町時代に「母には二度あへど父には一度もあはず」というなぞなぞがあり、答えは「唇」とされる。⑥これは、「母」を発音するときには二度唇があうことを意味している。⑦つまり、当時は「母」が「パパ」と発音されていたのである。⑧また、「はひふへほ」はもともと「パピプペポ」と発音されていたという仮説は、「ひよこ」や「光」の語源もうまく説明してくれる。⑨「ひよこ」はもともとは「ピヨピヨ」鳴くから「ピヨコ」、「ひかり」は「ピカッ」とするから、「ピカリ」だったのだ。

問47　問題例文30において、「はひふへほ」はもともと「パピプペポ」と発音されていたという仮説はどのように根拠づけられているか、説明せよ。

問47を解説する前に、まず「**仮説**」という用語について述べておこう。仮説の根拠はとくに「**証拠**」とも呼ばれる。まず証拠となる事実が提示され、その事実がどうして成立したのかを説明する考えが提案される。この考えが仮説である。例えば、ある人の頬に一筋のシワができていたとする。そこでそれを証拠として、「この人は寝起きであり、このシワは枕によってついた跡なのだ」と仮説を立てる。このような、あることを証拠として仮説を立てるタイプの推測は「**仮説形成**」と呼ばれる。

問題例文30を見よう。そこでは、「「はひふへほ」はもともと「パピプペポ」と発音されていた」という仮説が述べられ、それに対する根拠が二つ挙げられている。

第一の根拠は⑤〜⑦である。⑤で言われるなぞなぞの存在は、⑥「「母」は二度唇があう仕方で発音されていた」の証拠である。⑥は、⑦「「母」の発音は「パパ」であった」の根拠になっている。そして⑦が問題の仮説を根拠づけている。（ひとこと補足。実は、⑥だけからは⑦は必ずしも導かれない。唇をあわせる音であればよいので、「母」の発音は「ママ」だったかもしれない。そこで、より説得力を増すため、第二の根拠が追加される。）

第二の根拠は、⑧と⑨で示される。⑧「この仮説が「ひよこ」や「光」の語源を説明する」ということは、その仮説の説得力を高めてくれる。⑨は⑧を詳しく説明したもの。

問47の解答　問題の仮説に対して、二通りの根拠が示されている。

第一の根拠――室町時代に「母」が二度唇をあわせる仕方で発音されていたことを示すなぞなぞがある。このことは「母」が「パパ」と発音されていたことの証拠となる。そしてそれはこの仮説に対する根拠となる。

第二の根拠――この仮説は、「ひよこ」が「ピヨピヨ」に語源をもち、「光」が「ピカッ」に語源をもつことをうまく説明する。このことも、この仮説に対する根拠となる。

6―2　「理由」や「原因」は「根拠」と同じものなのか

「理由」も「原因」も「根拠」と似たような言葉であり、しばしば曖昧に使われている。しかしここでは、「理由」「原因」「根拠」をそれぞれ異なる意味に区別して用いることにしたい。まず「理由」は、「原因」も「根拠」も含むような意味で用いる。「なぜ？」「どうして？」という問いに対する答えをすべて「理由」と呼ぶことにしよう。

理由の中で、「なぜその結果が引き起こされたのか？」の答えが「原因」であり、「なぜそう主張できるのか？」の答えが「根拠」である。具体例で説明しよう。

例２　「なぜ鼻水が出るのか？」「花粉が飛んでいるからだ」
例３　「なぜ歌舞伎を見るべきなのか？」「日本の代表的な伝統芸能だからだ」

例2も例3も理由を答えている。しかし、その理由のタイプは異なっている。原因はものごとの仕組みを説明するものである。例2では、何がどうなってこんなに鼻水が出るのか、その仕組みが問われ、「花粉が飛んでいるから」と答えられる。このように、あるものごとが何によって引き起こされたのかを説明する理由が、原因である。原因と結果の関係は「**因果関係**」と呼ばれる。

それに対して例3では、「歌舞伎を見るべきだ」という主張の説得力を高めるために、「日本の代表的な伝統芸能だから」という理由が述べられている。このように、ある主張の説得力を増すために述べられる理由が、根拠である。

根拠を示して推測や意見に説得力を与えることは「**論証**」と呼ばれる。「論証」というと、堅苦しいものだけを考えがちになるかもしれないが、「来々軒のあんかけチャーハンは絶品だから、君もぜひ食べるべきだ」などというのも、根拠を示して考えを述べているので、論証である（説得力があるかどうかは別として）。

理由……「なぜ？」「どうして？」の問いに対する答え
原因……あるものごとが何によって引き起こされたのかを説明する理由
根拠……ある主張の説得力を増すために示される理由

問48 次の(1)〜(4)の中から、根拠を答えているものをすべて選べ。

(1) 「なぜ静岡県出身だって分かるの？」
「だって、すぐに「だもんで」って言うじゃん」

(2) 私「どうしてケンカになったの？」
テッカン「アキちゃんが殴ったんだ」
アキコ「なに言ってんの。テツが殴り返してきたからじゃないの」

(3) 「なぜ野菜炒めが水っぽくなっちゃうんだろう」
「野菜が多い。しかも火が弱い。だから野菜から水が出るんだ」

(4) 「この部屋はどうしてだめなんだ？　賃貸としてはいい物件だと思うけど」
「だって日当たりが悪いもの」

(1)「だもんで」は「だから」という意味で、静岡方言である。だもんでこの言葉を使うことが静岡の人だと推測する根拠になるのである。
(2) ケンカの原因が問題になっている。アキコの言い分はだいぶ勝手であるが。
(3) まず野菜が多くて火が弱いことが野菜から水が出る原因であり、そして野菜から水が出ることが水っぽい野菜炒めになる原因である。因果関係が二段階になっている。
(4)「この部屋はだめだ」と主張する根拠として、「日当たりが悪い」と述べられている。

問48の解答 (1)、(4)

台風が来ることは、運動会の中止の原因でもあり、また、「運動会は中止だろう」と推測する根拠でもある。このように、原因と根拠が同時に述べられることもある。

原因と根拠の違いを繰り返しておこう。原因は、その結果が引き起こされるものごとの仕組みを説明する。それに対して根拠は、ある考えや主張の説得力を増すために述べられる。次のように問うのであれば、その違いはよりはっきりするだろう。

例4　「なぜ運動会が中止になるのか？」
例5　「なぜあなたは運動会が中止になると考えるのか？」

どちらに対しても「台風が来るからだ」と答えることができる。例4の場合には台風が来ることは運動会の中止の原因であり、例5の場合には台風が来ることは「運動会は中止になるだろう」と考えることの根拠である。では、「台風が来る。だから、明日の運動会はきっと中止だ」は例4のタイプなのだろうか、例5のタイプなのだろうか。両方を兼ねていると言うべきだろう。因果関係を示しつつ、自分の考えに説得力を与えようとすることは、珍しいことではない。例えば、次もそのような例である。

例6　オサムはヤスナリをひどく恨んでいた。だから、ヤスナリを殺したのはオサムに違いない。

オサムがヤスナリを恨んでいたことは、殺害の原因になりうることである。同時に、動機があると示すことによって、「オサムが犯人だ」という主張の説得力を増してもいる。この場合も、原因と根拠の両方が示されている。

それゆえ、原因が示されているからといって根拠ではないとするのは、早とちりである。ある理由が根拠なのかどうかは、それが「なぜそう考えるのか」「どうしてそう主張できるのか」という問いに対する答えになっているかどうかで判断しなければいけない。

なお、ここでは「根拠」と紛らわしいものとして「原因」だけを取り上げたが、理由と呼べるものは根拠や原因以外にもさまざまな種類のものがある。一例だけ挙げておこう。

例7　「なぜおばあさんの口はそんなに大きいの？」「おまえを食べるためだよ」

この答えは、根拠でも原因でもなく、目的を述べたものである。

6-3　だめな根拠・弱い根拠

この節では、だめな根拠や弱い根拠を見抜く基本を身につけよう。

誤った根拠

示された根拠がまちがったものであれば、それは根拠にはならない。

例8　カモノハシはカモ目カモ科カモノハシ属で、鳥だから、卵を産む。

確かにカモノハシは卵を産む。しかし、示された根拠はデタラメである。カモノハシは単孔目カモノハシ科カモノハシ属で、哺乳類である。

表立って示されていない隠れた前提がまちがっている場合もある。そのような場合も、根拠としては成立していない。

例9　爪に横線のでこぼこができている。だから、もっとカルシウムをとらなくちゃ。

ここには、「爪に横線のでこぼこができるのは、カルシウム不足が原因である」という隠れた前提が働いていると考えられる。しかし、爪は皮膚が硬くなったもので、その主成分はカルシウムではなく、タンパク質である。それゆえ、爪に横線のでこぼこができていることは、もっとカルシウムをとるべきという主張の根拠にはならない。

循環論法（論点先取）

ある主張Aの根拠の中に、すでにその主張Aが含まれてしまっている場合、それはけっきょくのところ「AだからAなのだ」と言っているにすぎないものとなる。このような論証は「循環論法」あるいは「論点先取」と呼ばれる。循環論法（論点先取）は、一応根拠を示す形はとっているが、実質的には根拠として成立していない。

問49　次のやりとりで、オーガイの応答のどこがまずいか、考えよ。

オーガイ「すばらしい芸術作品を鑑賞すべきである」

ソーセキ「どうして？」
オーガイ「そうしないと鑑賞眼が養われないからだ」
ソーセキ「なぜ鑑賞眼なんか養わなくっちゃいけないのかね？」
オーガイ「鑑賞眼がなければ芸術作品を鑑賞することができない」
ソーセキ「別に鑑賞できなくたってかまうもんか」
オーガイ「君はほんとにロンドンで何も学んでこなかったんだな。われわれは、すばらしい芸術作品を鑑賞すべきなのだよ」

論点先取はダメだ！
なぜならそれは循環しているからだ!!
これがまさに循環

オーガイは最後の台詞《せりふ》で馬脚をあらわしているが、最初に「そうしないと鑑賞眼が養われないからだ」と根拠を述べた段階で、すでに彼の応答は破綻している。

主張したいことは「すばらしい芸術作品を鑑賞すべき」である。そしてその主張の根拠として「鑑賞眼を養うため」と言われる。しかし、すばらしい芸術作品を鑑賞する必要がないのであれば、鑑賞眼を養う必要もない。それゆえ、「鑑賞眼を養うため」という理由はすでに「すばらしい芸術作品を鑑賞すべき」という考えを前提にしてしまっているのである。

問49の解答　「すばらしい芸術作品を鑑賞すべきである」という主張の根拠を突き詰めると、最後にけっきょく「すばらしい芸術作品を鑑賞すべきだからだ」ということになり、同じ主張が繰り返されるだけとなってしまっている。

根拠の強弱

ここまで示した「誤った根拠」と「循環論法（論点先取）」は、そもそも根拠として成立していない場合だった。しかし、根拠として成立している場合でも、根拠には強い根拠から弱い根拠まで、「強弱」がある。まず、十分に強い根拠の例を挙げてみよう。

例10 さっき太郎を見かけたけど、喪服を着ていた。だから、これから葬式に行くところか、葬式の帰りか、どっちかだったんだろうね。

厳密に言えば、喪服を着ていたからといって葬式とはかぎらない。たんにファッションとして着ていたのかもしれない。それゆえ、例10は完璧に強い根拠ではない。しかし、日常の生活においては、ファッションとして喪服を着るとは考えにくく、喪服を着ていることは葬式への参列に対する十分に強い根拠と言える。このように、「強い根拠」とは、絶対確実な根拠でなくとも、実際上十分に信頼できる根拠のことである。

他方、弱すぎて使いものにならない根拠もある。問題を出してみよう。

問50 次の論証において、そこで示された根拠がどうしてだめなのか、考えよ。

(1) 男だろ。だったら一度決めたことはやり通せ。

(2) マチコさんをゾンビ映画に誘ったら断られた。彼女、映画が嫌いなんだな。

(3) 大学教授ってのは変人だね。というのも、ぼくの叔父が教授なんだけど、これがすごい変わってる人なんだ。

ある根拠が「弱い根拠」とされるのは、**根拠と結論の結びつきが弱い場合**である。「A。だから、B」と言われたとき、根拠Aを認めたとしても、Bではないことが十分に考えられるのであれば、根拠Aは結論であるBという主張を支える力が弱いとされる。あるいは、主張Bは正しいのだけれども、それは「Aだから」ではないという場合も、AとBの結びつきが弱いということになる。問50の事例を通して、具体的に見ていこう。

(1)そもそも「一度決めたことはやり通すべき」という主張の妥当性も疑わしいが、仮にこの結論が妥当であったとしても、そのことは男であることとは無関係である。

(2)「ゾンビ映画の誘いを断った」ことを証拠として「映画が嫌い」と推測している。これは、ある事実を説明するために仮説を立てるタイプの推測であり、「仮説形成」である。仮説形成の場合には、その事実を説明する仮説として他によいものがないかどうかが問題になる。この事例の場合には、マチコさんがゾンビ映画を断る理由は、「映画が嫌い」という以外にも、「映画は嫌いではないが、ゾンビ映画は嫌い」といういっそうありそうな仮説、あるいは「誘ってきた相手が嫌い」というさらにいっそう悲しい仮説が、十分可能である。

(3)このような論証は、個別の事例をもとに一般的な判断を導くもので、「**一般化**」あるいは「**帰納**」と呼ばれる。一般化（帰納）をするさいには、偏りのない十分な数の個別事例を根拠にしなければいけない。どういう場合が「偏りのない十分な数の事例」になるのかは、統計学にもつながる踏み込んだ検討を必要とする。しかし、⑶のように、たった一つの事例（一人の叔父さん）から一般化するのは、明らかに一般化の根拠としては弱すぎる。

問50の解答

⑴　根拠として示されている「あなたは男である」という事実と、「一度決めたことはやり通すべき」という結論部の結びつきが弱い。

⑵　「ゾンビ映画が嫌い」「誘ってきた相手が嫌い」という仮説の方が、よりありそうな仮説であるから、この仮説形成は根拠が弱い。

⑶　自分の叔父さんというたった一つの事例からすべての大学教授へと一般化するのは根拠が弱すぎる。

根拠に対してさらに根拠を求める

主張に説得力をもたせるために根拠を示す。しかし、示された根拠がまだ十分な説得力をもたない場合がある。そのような場合には、根拠として述べられたことに対しても、「なぜそう言えるのか？」と、さらなる根拠（根拠の根拠）を求めねばならない。

例11　第4レースは八百長が仕組まれている。だから、シゲノホマレが勝つ。

競馬である。この論証で納得できるのであれば、これ以上根拠を求める必要はない。しかし、八百長が仕組まれているという主張にまだ納得できないのであれば、「なぜ八百長が仕組まれていると分かるのか」と、さらに根拠を求めねばならない。

これは聞き手が納得するまで続けられる。例えば、証拠となる会話を録音したものを聞かされれば、なるほど八百長が仕組まれていると納得するかもしれない。

同様のことは、表立って述べられた根拠に対してだけではなく、隠れた前提に対しても起こる。次の論証を見よう。

例12　歌舞伎は日本の伝統芸能だ。だから、誰もが歌舞伎を見るべきだ。

ここには、「誰もが日本の伝統芸能を見るべきだ」という隠れた前提がある。聞き手がこの前提に納得するのであれば、例12は根拠づけとして成立しているが、そうでないならば、この前提はまだ独断にすぎない。「なぜ日本の伝統芸能を見るべきなのか」と、さらにその根拠を問わねばならない。

問51　次の論証(1)〜(6)から、根拠が弱いか、そもそも根拠として成立していないものをすべて選び、どうしてその根拠がだめなのかを説明せよ。

(1)　民主主義は守らねばならない。というのも、民主主義が否定されるとなんらかの形の独裁制となり、国民主権などありえないことになってしまうからだ。

(2)　警察官がキャッシュカードの暗証番号を聞いてくることはない。だから、警察官と称して暗証番号を聞いてくるのは本物の警察官ではなく、詐欺である。

(3)　私は麻雀をやらない。私の5人の友だちに聞いてみても、誰も麻雀をやらない。全員大学生である。そうしてみると、いまの大学生は麻雀をやらないようだ。

(4)　フグの肝臓に含まれる毒はテトロドトキシンである。これは100度に加熱すれば分解する。したがって、生で食べてはいけないが、煮て食べれば安全である。

(5)　母さん、たいへんだ。テツローがどうも哲学者になりたがっているらしい。というのも、あいつ、カントなんか読んでるんだよ。

(6)　君はつねづね絆《きずな》の大切さを説いてきたよね。だから、ぼくとつきあってくれてもいいじゃないか。

いままで述べてきたチェックポイントをまとめておこう。

- ・根拠は誤っていないか
- ・循環論法（論点先取）になっていないか
- ・根拠と結論の結びつきは弱すぎないか
- ・仮説形成で、他のもっともらしい仮説を無視していないか
- ・少数の事例、偏った事例からの一般化（帰納）になっていないか

では、順に検討していこう。

(1)「民主主義は守らねばならない」という主張の根拠として、「国民主権などありえないことになってしまうから」と述べられる。「民主主義」の定義は必ずしも明らかではない。しかし、国民こそが権力をもつとする理念が民主主義の概念に含まれていることはまちがいないだろう。国民主権の否定は、民主主義の否定を意味しているのである。そうだとすれば、けっきょくのところ問題文は「民主主義を成り立たせるために、民主主義を守らねばならな

い」と述べているに等しいものとなる。

⑵は、十分に説得力のある論証である。警察官はキャッシュカードの暗証番号を尋ねてきたりはしない。だから、もし暗証番号を尋ねてきたら、それは警察官ではない。だとすると、詐欺だと考えられる。なるほど詐欺ではない可能性はゼロではない。しかし、これは実際上十分に強い根拠であると言える。

⑶いまの学生が昔の学生ほど麻雀をやらないというのは事実だろう。しかし、友だち5人に聞いただけというのでは調査方法に瑕疵《かし》がある。量的にも不足しているが、それだけではない。質的にも問題がある。類は友を呼ぶ。大学生について調査したければ、偏りがないようにランダムに大学生を選んで調べなければいけない。

⑷この根拠はまちがいである。フグの肝臓にはテトロドトキシンという毒が含まれる。それは正しい。だが、テトロドトキシンは100度ぐらいで分解したりはしない。勘違いされてはたいへんなので強調しておくが、**フグの肝臓は煮ても焼いても食べられない。**

⑸ほとんど笑いを誘うような微笑ましい事例であるが、一応、仮説形成である。「カントを読んでいる」ということから「哲学者になりたがっている」という仮説を立てている。なるほど、哲学者になりたがっているならば、カントを読むことも自然に説明されるだろう。（とはいえ、カントを読まない哲学者もいるが。）仮説形成の場合には、問題になっている事

実を説明する仮説が他にないかどうかを考えねばならない。この問題の事例の場合であれば、テツロー君がカントを読んでいる理由としては、「授業のために読まされている」とか「教養のために読んでいるだけで哲学者になるつもりはない」といったことの方が、よりありそうな仮説だろう。お父さんも、うろたえるには及ばない。

(6)承知の上でくどいているのかもしれないが、「絆」という言葉の意味をはき違えている。「絆の大切さ」ということと、つきあうかどうか、恋愛関係になるかどうかは、まったく無関係ではないかもしれないが、ほとんど無関係である。もし絆＝恋愛であれば、強い絆で結ばれたサッカーチームなど、全員が恋愛関係になるだろう。あまり想像したくない。

問51の解答

(1) 国民主権が失われるとは、民主主義が成り立たなくなることを意味している。それゆえ、これは循環論法（論点先取）であり、根拠として成立していない。

(3) 友だち5人だけからすべての大学生について一般化するのは、数が少なすぎ、事例も偏っている。別の大学生のグループには麻雀仲間が集まっているかもしれない。

(4) 「テトロドトキシンは100度に加熱すれば分解する」という根拠がまちがっている。それゆえ、根拠として成立していない。

(5)
カントを読んでいることを説明する仮説としては、もっとありそうなものとして、「授業のために読まされている」とか「教養のために読んでいるだけで哲学者になるつもりはない」といったことが考えられる。それゆえ、「哲学者になりたがっている」という仮説形成は根拠が弱すぎる。

(6)
根拠で挙げられている「絆の大切さ」と、結論となる「ぼくとつきあってくれてもいいじゃないか」という主張は、ほとんど無関係である。

自分の考えに納得してくれない人がいる…
その人に納得してもらいたい…
強くそう思うなら憶測や独断で満足できるはずがない
本当にそう思うなら根拠を示さずにはいられないはずです！

7 的確な質問をする

7-1 なぜ質問の練習をしなければいけないのか？

この章の一番の目的は、質問することのだいじさを分かってもらうこと、そしてその難しさを知ってもらうことにある。

まず、実際に質問を考える問題をやってみてほしい。次の文章を読んでそれに対して質問を考える。一応10個を目標にしてみよう。いまはどんな質問でもかまわない。トンチンカンな質問でも、自分では答えが分かっていても、そんなことは気にしないで、思いつくかぎり質問する。あなたに質問を考える基本的な力《パワー》があるかどうかを見たい。

問題例文31

古代オリンピックは、競争に対するギリシア人の異様な熱意が生み出した祭典である。しかしその競争への執着は、逆説的なようだが、自由人の対等な社会関係という前提があってこそ説明できるものであった。オリンピックに参加すること、参加できるということは、自由人であることの何よりの証しであった。

問52　問題例文31に対して10個以上の質問を考えよ。

どうだろう。10個、簡単に思いついただろうか。あまり思いつかなかった人は、残念ながら質問力に関して初級である。次ページに26個の質問例を挙げておいた。（10個でやめてしまった人、よかったらもっと考えてみてください。）たくさん考え出すこと、まずそれ自体がだいじである。初級クラスの人は、質問のよしあしなど考えずに、とにかく数多く思いつくように練習してもらいたい。

質問する力の基礎は好奇心と無邪気さにある。いろんなことに関心を向け、思いついたことはなんでも無邪気に尋ねる。「いつ？」「どこで？」「誰がやったの？」「それは何？」「なぜ？」「どんなふうに？」「ここはどういう意味？」「それはどうして分かるの？」――こうした質問がふつふつと湧いてくるような活性化された状態を作れるようにする。

子どもの頃には誰もがそんな好奇心と無邪気さをもっていたに違いない。それが大人になるにつれ、子どもの質問にうとましそうな顔をする大人に自分を合わせて質問する力が弱くなってしまったのかもしれない。もしかしたら、そうしていまではあなた自身が質問に対してうとましそうな顔をする大人になってしまっているのかもしれない。そうだとすれば、質問力を獲得する第一歩は、子どもに戻ることである。

問52の解答例

1 「古代オリンピック」とは何か？
2 古代オリンピックというのはいつの時代のことか？
3 古代オリンピックはギリシア人だけが参加していたのか？
4 競技参加者は何人ぐらいいたのか？
5 古代オリンピックの観客はどのくらいいたのか？
6 誰でも古代オリンピックを観戦することができたのか？
7 古代オリンピックの観戦は有料だったのか？
8 ギリシア以外で同様の祭典は行われていたのか？
9 古代オリンピックにはどのような種目があったのか？
10 古代オリンピックは何日間開催されたのか？
11 古代オリンピックはギリシア全体が熱狂するような催しだったのか？
12 古代オリンピックならではと言えるようなエピソードはないか？
13 競技に参加する人たちはふだんどのような生活をしていたのか？　専門的なアスリートはいたのだろうか？
14 古代オリンピックと現代のオリンピックの共通点と相違点は何か？

15 「古代オリンピックは、競争に対するギリシア人の異様な熱意が生み出した祭典である」とあるが、そう考える根拠は何か？

16 古代オリンピックには誰でも参加できたのか？ 何か参加資格があるのか？

17 古代オリンピックで優勝すると何がもらえるのか？

18 古代オリンピックで優勝することはどのくらい名誉なことだったのか？

19 「競争への執着」とあるが、それは具体的にどのような点に示されているのか？

20 「自由人」とはどういう意味か？ 逆に「自由人」ではないとはどういう場合なのか？

21 「競争への執着は自由人の対等な社会関係という前提があってこそ説明できる」とあるが、どのように説明されるのか。また、それが「逆説的」だというのはどうしてか？

22 オリンピックに参加することが自由人の証しになるというのは、どうしてか？

23 「対等な社会関係」とあるが、古代ギリシアにあって「対等でない社会関係」としてはどのようなものが考えられていたのか？

24 対等な関係を重んじているのに、競技で優劣を争うのは矛盾していないか？

25 演劇や弁論や音楽といったジャンルでも競争は行われたのか？

26 自由人であることにとって、他のジャンルではなくスポーツで競うことに特別の意義はあったのか？ あったとすれば、それはどうしてか？

ただ受け身で読んでいるだけでは質問は思いつかない。文章を読みながら、自分を活性化させること。想像力と論理力をフルに働かせて、いきいきとした頭で文章に向かう。そうすると聞きたいことがあれこれ出てくるはずである。

逆に、質問を考えようとすることによって読み方が能動的になり、活性化してくる。ここに、質問の練習をすることの第一のポイントがある。質問の練習をすることで、文章を読むときの（あるいは話を聞くときの）想像力と論理力が鍛えられるのである。

質問の練習の重要さに関連して、『たった一つを変えるだけ』（ダン・ロススティン、ルース・サンタナ著、吉田新一郎訳、新評論）という本を紹介しておきたい。この本では、新しい授業の方法が具体的に提案されている。変えるべき「たった一つ」のこと、それは「質問できる生徒を育てる」ということである。これまでは教師が質問し、生徒が答えていた。なるほどそれによって生徒の「解答する力」は鍛えられるだろう。しかし、「質問する力」は鍛えられない。私はこの本を読んで、教師としての自分のこれまでのあり方がひっくり返される思いがした。多くの教師がそうだろうが、授業ではよい質問を生徒に投げかけようと工夫する。しかし、教師が質問しているかぎり、生徒の質問力は育たないのである。

私たちは、生徒として、学校で質問する技術を教えられてこなかった。これは従来の学校教育の欠陥である。私たちは新たに、質問の練習を始めなければならない。

7-2　情報の問い・意味の問い・論証の問い

漫然と文章をにらんでいても質問は思いつかない。質問づくりに向けて頭を活性化させるためのポイントをいくつか述べてみよう。目安として、質問の形を「情報の問い」「意味の問い」「論証の問い」という三つのタイプに分けることができる。

情報の問い

相手の言ったことに対して、「もっと知りたい」と思ったならば、それを尋ねる。さらなる情報を引き出す質問であり、「情報の問い」と呼ぼう。情報の問いには、「より詳しく知りたい」という質問と、「関連する話題をさらに知りたい」という質問がある。

問題例文31で言えば、「古代オリンピックというのはいつの時代のことか」という質問は、より詳しく知ろうとする情報の問いである。また、「古代オリンピックにはどのような種目があったのか」のように、具体例を尋ねるのもよいだろう。

直接書かれている内容に関することではないが、関連することへと話題を広げていく質問もある。「ギリシア以外で同様の祭典は行われていたのか」や「演劇や弁論や音楽といったジャンルでも競争は行われたのか」といった質問は、そのような情報の問いである。

意味の問い

相手の言ったことの意味がよく分からないとき、それを尋ねる。このタイプの質問を「意味の問い」と呼ぼう。相手が分からない言葉を使っていたら尋ねる。たんにあなたの語彙不足による場合もあるだろうが、そればかりではない。第1章「相手のことを考える」で見たように、書き手・話し手が読み手・聞き手のことを考えていないために、専門用語や業界の言葉や難しい言い回しを用いている場合も多い。そのようなときには、臆することなく、胸をはって（はらなくてもよいが）、「どういう意味か」と質問しよう。

意味の問いには、たんに分からない言葉を尋ねるという素朴なものだけではなく、もっと踏み込んだ質問もある。相手の言っていることが曖昧なとき、その意味をもっと明確にしてもらうよう尋ねる。例えば、こんなふうに言われたとしよう。

例1　私たちは他者とともに生きているのだ。

分からない言葉はない。しかし、曖昧である。「他者とともに生きる」とはどういうことなのか。もっと説明を求めよう。

また、このような場合にも、具体的な説明を求めることは効果的である。「他者とともに生きる」とは具体的にどういうことなのか。生活をともにすることなのか。共同で仕事にあたることなのか。それに対して、「誰かが作った野菜を食べる。それも他者とともに生きるということなのだ」のように答えが返されるならば、理解はその分だけ前進するだろう。

論証の問い

相手の言ったことを理解することと納得することは別である。理解できなければ納得のしようもないが、理解できたからといって、納得できるとはかぎらない。

例えば、次のような意見が言われたとしよう。

例2　公園にごみ入れは置くべきではない。

あなたがこの意見にまだ納得できないのであれば、根拠を求めねばならない。聞き手が納得してくれないかもしれない意見を根拠なしに言うのは、独断である。そして独断に対しては、「なぜそう考えるのか」と尋ねよう。

その問いに対して、例えば「ごみ入れがない方が公園のごみは少なくなる」のように根拠が示されたとしよう。そしてあなたはまだその根拠に納得できないとする。ならば、「なぜごみ入れがない方が公園のごみは少なくなるのか」と、さらに根拠を求めねばならない。このやりとりは納得できるまで続く。そしてどうにも納得できないとなれば、それは反論に転ずべきときである。

根拠が示されている場合でも、その根拠が弱いために論証が飛躍してしまっている場合がある。そのときにはさらに根拠を補強してもらわねばならない。シャーロック・ホームズがワトスンにはじめて会ったときの場面を、例にとってみよう。

例3　この男は見たところ軍医である。日焼けしていて、憔悴《しょうすい》した顔をしている。しかも左腕を負傷している。だから、アフガニスタンに行ってきたに違いない。

ホームズのこの推理に納得できなければ（ふつうは、できないだろう）、この論証の飛躍を埋めるよう、さらなる説明を求めねばならない。――ホームズは物分かりの悪いあなたを憐《あわ》れみの目で見るかもしれないが。

もう一例、前章で出した例を挙げよう。「君はつねづね絆の大切さを説いてきたよね。だから、ぼくとつきあってくれてもいいじゃないか」、と相手が言ったとする。ここには飛躍がある。そこで、「絆の大切さと、私があなたとつきあうことにどういう関係があるのよ」と尋ねる。この場合は、憐れみの目で見るのはあなたの方だろう。

以上の点に注意しながら文章を読み、質問を考える練習をしよう。そうすれば、しだいにどのような観点から質問すればよいのかが身についてくるだろう。

情報の問い（もっと知りたい）
　もっと詳しく知りたいことはないか
　関連する話題でさらに知りたいことはないか
意味の問い（もっと分かりたい）
　分からない言葉はないか
　曖昧な言葉はないか
論証の問い（きちんと納得したい）
　独断的なところはないか
　飛躍はないか

この分類はあくまでも目安にすぎない。例えば、具体例を求める質問は情報の問いとしても意味の問いとしても有効である。一つの質問が複数のタイプにまたがる性格をもつこともあるだろう。しかし分類することがだいじなのではない。こうした観点を念頭におくことによって、より活性化された読み方・聞き方ができるようになることが目標である。

問53　次の文章に対して一つだけ質問できるとしたら何を質問するか。（あなたには答えがすでに分かっている質問でもよい。）

(1)　菱の門をくぐり、姫路城の中核部分に入ると、そこから天守に向かうまでに「いの門」から始まり「いろは」順に15個もの門が作られていた。

(2)　いまの日本の小中学校の教師は忙しすぎる。為すべき仕事が多すぎて、かんじんの授業の準備に十分な時間がかけられなくなっている。

(3)　日本語はオノマトペに富んだ言語である。一方、英語のオノマトペの数は、日本語よりはるかに数が少ない。

(4)　誰かを好きになると胸がときめく。しかし、ときめきばかりを求めるのはまちがっている。「好き」という気持ちは、むしろ心に染み込んだ状態なのだ。染み込んでしまえば感じられないこともある。

(5)　日本人は全員が日常的に英語を使えるようになるべきだ。だから、小学校の英語教育をもっと充実させねばならない。

(6)　動物は弱肉強食である。それを残酷と感じるかもしれないが、そうではない。天敵がいるからこそ、種の存続が保証されるのだ。

解説しよう。

(1)いまは質問のよしあしは問わないので、「菱の門というのは何か」「城の中核部分というのはどういう場所のことか」といった質問でもよいが、この文章は「15個も」というところにポイントがあるので、そこを質問しよう。なぜそんなにたくさんの門を作ったのか（情報の問い）。——答えは、敵を侵入しにくくするため。「ほの門」などはそのまま突進すると頭をぶつける高さしかない。なお、現在残っているいろは順の門は13個である。

(2)質問のポイントははっきりしている。「為すべき仕事」の具体的な事例を尋ねよう（情報の問い）。次々にいろんな仕事が答えとして返ってくるに違いない。

(3)「オノマトペ」という用語はそれほど一般的ではないと思われる。そこを率直に尋ねよう。また、そのさい具体例も示してもらうのがよい（意味の問い）。あるいは、オノマトペに関して日本語と英語の違いをより詳しく尋ねてもよい（情報の問い）。——ちなみに、「オノマトペ」とは「ワンワン」のような擬声語、「どっかん」のような擬音語、「のろのろ」のような擬態語の総称である。

(4)質問するのも野暮な文章ではある。しかし、「心に染み込んだ状態」という言い方は分かるようでよく分からない。そこをきちんと質問しよう（意味の問い）。「そういう状態は「好き」という気持ち以外に何があるのですか」と具体例を尋ねるのもよい（意味の問い）。

(5)日本人全員が日常的に英語を使えるようになるために、小学校の英語教育の充実が適当な方法なのかどうかは、質問する余地があるだろう。しかし、その飛躍を問題にするよりも、この根拠そのものが独断的である。さらにその根拠を尋ねよう（論証の問い）。

(6)「天敵がいる」ということと「種の存続が保証される」との間にはまだ飛躍がある。そこで、その飛躍を埋めてもらうよう質問する（論証の問い）。——答えは、天敵がいなければ個体数が増えすぎ、食料不足に陥って、むしろ絶滅の危機に陥る、というものである。

問53の解答例

(1) なぜそんなにたくさんの門を作ったのか？

(2) 多忙の原因となっているのは具体的にどのような仕事なのか？

(3)「オノマトペ」とはどういう意味か？　具体例も示して説明してほしい。／オノマトペに関して、日本語と英語の違いをもっと詳しく教えてほしい。

(4)「心に染み込んだ状態」とはどういう状態のことか？　「好き」という気持ち以外の具体例も示して説明してほしい。

(5) なぜ日本人全員が日常的に英語を使えるようになるべきと考えるのか？

(6) 天敵がいるということが、なぜ種の存続を保証してくれるのか？

7-3　質問のよしあし

質問のよしあしは、質問の目的による。

分かりたいから質問する。それは質問の基本であるが、それだけが質問の目的ではない。会話において、話題を広げるために質問する。これも質問することのだいじな目的のひとつである。例えば、「推理小説が好きなんです」という相手に対して、「好きな作家は誰なんですか？」と質問する。これは情報の問いであるが、このように、話題を広げるという目的のためには情報の問い（より詳しく知りたい・関連する話題をさらに知りたい）がよくある質問の形になるだろう。そして、相手の関心と自分やその場にいる人たちの関心が重なる話題を感知して、質問を発しなければいけない。話題を広げるという目的にとっては、より活発な会話を促すような質問が、「よい質問」である。

このような社交の技としての質問力はぜひ身につけたい力であるが、ここでは省略しよう。理由は、正直に述べて、私自身それは不得意であり、どうすればいきいきした会話を促す質問ができるのか、誰か他の人に教えてもらいたいぐらいだからである。（第1章冒頭のエピソードを思い出していただきたい。）

いま練習したいのは、理解するための質問、そして納得するための質問である。理解するための質問は意味の問いに、納得するための質問は論証の問いに、ゆるやかに対応するが、しかし、その対応はあくまでもゆるやかであり、理解するための質問が意味の問いにかぎられるわけではなく、納得するための質問が論証の問いにかぎられるわけでもない。

理解するための質問はあなたが理解しにくいと思ったところに対して出せばよいし、納得するための質問はあなたが納得しにくいと思ったところに対して出せばよい。そこにおいてだいじなことは、「そんなことも分からないのかと思われてしまわないか」といった気持ちを克服することである。質問することはけっして恥ずかしいことではない。むしろ、質問が出るということは聞き手・読み手として活性化している証しにほかならない。

さらに、実はきちんと分かっていないのに分かった気になっているだけという状態に注意しなければいけない。ちゃんと理解できているのか、本当にこれで納得できているのか、そう自分に問いかけよう。この点はとくに強調しておきたい。ふだんの会話などでは表面的に分かった気になって話が進んでいくことが多いだろうし、ほとんどの場合、それでかまわない。しかし、それでは済まない場面、内容を正確に理解し、納得できるかどうか厳しく吟味しなければいけない場面もある。そしてまた、表面的な理解と納得で流してしまっていては、国語力は身につかない。繰り返そう。ちゃんと理解できているのか、本当にこれで納得できているのか、そう自分に問いかけなければいけない。

理解するため、納得するために質問する場合、「よい質問」とは相手の言っていることの核心に迫る問いである。第5章「文章の幹を捉える」で用いた言い方をするならば、「細かい枝葉」ではなく、「幹」あるいは「太い枝」に関わる質問が、よりよい質問となる。

もちろん、よい質問しかしてはいけないというわけではない。分からないところは臆せずに質問する。しかし、実際問題として、かぎられた時間で効果的なやりとりをしなければならない。そのためには、質問のよしあしを判断することができなければいけない。

さて、問題をやってみよう。ただし、少し難しめの問題であるから、簡単には質問を思いつかないかもしれない。むしろ、質問することの難しさを味わってみてほしい。

問題例文32

コミュニケーションの失敗とは、話し手が自分の言葉に与えようとしている意味と、聞き手がその言葉に与える意味のずれによって生じる。しかし、それは必ずしもその言葉がもつ字義通りの意味に関するずれではない。

一つのエピソードを紹介しよう。看護師のAさんが、患者である5歳ぐらいの男の子がおしっこを漏らしてしまうというので、おむつをしてもらうよう母親に伝えた。ところが、母親はAさんのその言葉に傷つき、自分の子がふつうであることを泣きながら訴えたというのである。Aさんはおむつをたんに看護の一環として捉えていたのだろう。しかし5歳ぐらいになれば、おむつをするというのは人格に関わることなのである。この場合には、「おむつ」がもつ意味が、看護の観点に立つAさんと子どもの観点に立つ母親との間で食い違ったために、コミュニケーションの失敗が生じている。

これは言葉によるコミュニケーションの例だが、言葉によらないコミュニケーションもある。そしてその場合でも、伝え手と受け手の意味のずれが、コミュニケーションの失敗をもたらしている。

私たちのコミュニケーションは、だいじな場面であればあるほど、たいていの場合に多かれ少なかれ失敗していると言えるだろう。問題は、そのずれを感知し、修復することができるかどうかである。いかにしてずれない伝達を行えるかではなく、いかにしてずれを修復しうるか、コミュニケーションの本質はそこにある。

問54　問題例文32を読み、的確な質問を考えよ。

ヒントをかねて問題を出してみよう。

問55 問題例文32に対する質問として、次の(イ)〜(ホ)は的確な質問と言えるだろうか。核心をついている質問には○、核心をはずしている質問には△をつけよ。

(イ) 「字義通りの意味」とは何か？　また「字義通りでない意味」とは何か？
(ロ) 5歳の子におむつをさせるのは看護の場面ではふつうのことなのか？
(ハ) 「看護の一環として捉える」ことと「人格に関わる」ことはどう違うのか？
(ニ) 「言葉によらないコミュニケーション」の具体例は何か？
(ホ) 「コミュニケーションの失敗を修復する」とはどういうことか？

基本的な主張は最後の一文「いかにしてずれない伝達を行えるかではなく、いかにしてずれを修復しうるか、コミュニケーションの本質はそこにある」というところである。ここで言われる「意味のずれ」がどのようなものであるのか、そしてまた、そのずれを「修復する」とはどういうことなのかが、質問のポイントになる。

「(イ)「字義通りの意味」とは何か？　また「字義通りでない意味」とは何か？」という質問はまさにそこに関わっている。「おむつ」の事例でそれを具体的に説明してもらうよう求めてもよいだろう。このエピソードでは、「おむつ」の字義通りの意味は看護師と母親で共有されている。しかし、Aさんはおむつを包帯と同じようなたんなる看護用品の一つとしてしか捉えていない。他方、5歳ぐらいの子にとっては、おむつをさせられるというのはもはや屈辱的ですらあるかもしれない。こうした見方の違いが、「意味」という言葉で捉えられている。その点を、質問によってさらに引き出したい。

「(ロ) 5歳の子におむつをさせるのは看護の場面ではふつうのことなのか？」は、この文章の基本的主張から大きくそれている。△というよりは、×にすべきだろう。

「(ハ)「看護の一環として捉える」ことと「人格に関わる」ことはどう違うのか？」はだいじな質問であるから、○にした人も多いのではないだろうか。それを不正解として咎めるつもりはない。しかし、エピソードは例示であるから、幹ではなく枝である。(イ)のような幹に関わる質問に絡めて尋ねるのはよいが、エピソードの細部に関する部分だけの質問は、核心をはずしていると言うべきだろう。

「(ニ)「言葉によらないコミュニケーション」の具体例は何か？」も、聞きたくなる質問だろう。しかし、言葉によらないコミュニケーションもあるということは、この文章にとっては補足説明である。それゆえ、核心をついた質問とは言えない。

「(ホ)「コミュニケーションの失敗を修復する」とはどういうことか？」は、この文章の基本的主張に関わる質問である。例えばAさんのエピソードにおいて、ここで生じたずれを「修復する」とはどういうことなのか。これは難しい問題である。それゆえそう簡単には答えられないに違いない。しかし、だからこそ、この質問はこの文章の内容をさらに深めていくきっかけを与えるだいじな質問となる。

問54・55の解答

○……(イ)(ホ)　△……(ロ)(ハ)(ニ)

そこで的確な質問としては次のような質問が考えられる。

「字義通りの意味」とは何か？　また「字義通りでない意味」とは何か？

「コミュニケーションの失敗を修復する」とはどういうことか？

問題例文33

野生のニホンザルやチンパンジーの場合、「食事の回数」に意味はない。なぜなら、彼らは起きているあいだ断続的に食べているからである。だが人間はそうではない。一日3回かどうかはともかく、食事の回数を答えることができる。なぜだろうか。

問56　問題例文33を読み、的確な質問を考えよ。

人間は基本的に他人とともに食事をする、すなわち共食する。そのためには、同じ場所に同じ時刻に集まらねばならない。このことが、人間の食事に回数が言える理由である。ならば、どうして人間は共食するのか。人間以外の霊長類は共食しない。正確に言えば、より人間に近いゴリラなどには共食の萌芽を認めることができる。しかし、サルたちは共食しない。それゆえ、共食を人間の特徴とみなすことができるだろう。

動物たちは、限りある食物をめぐって奪い合う状況にある。だから、他の個体と同じ場所で食べることはむしろ避けねばならない。ところが人間は、食物の奪い合いという緊張を食物の分かち合いという形に転換することによって、その葛藤を解決したのである。一人ひとりが別々に食べるのであれば、食物の奪い合いにもなる。だから、みんなで食べる。奪い合う必要性を最初から取り除いてしまうのである。

とりわけ狩猟採集民は、現在でも獲物を分かち合い、食物を分有することに異様なほどの情熱を傾けている。ここに、人間が共食を基本とすることの起源がある。人間は、食をめぐる葛藤を、ともに食べるという逆説的な方法で解消してきたのである。

問57　問題例文33に対する質問として、次の(イ)〜(ホ)は的確な質問と言えるだろうか。核心をついている質問には○、核心をはずしている質問には△をつけよ。

(イ)　時代や文化によって人間の食事の標準的な回数は異なるのか？

(ロ)　共食するという以外に、食事の回数が言える理由は考えられないか？

(ハ)　霊長類以外の動物も共食しないのか？

(ニ)　ゴリラに見られるという「共食の萌芽」とはどのようなものか？

(ホ)　共食すると、どうして奪い合いが起こらなくなるのか？

アクロバット的とでも言いたくなるような機知に富んだ論証であり、読むとおおいに感心して納得する。少なくともこの元になった文章を私が最初に読んだときはそうだった。だが、立ち止まってゆっくり検討してみよう。飛躍はないだろうか。

全体は二つの「なぜ」の問いとそれに対する答えからなっている。

なぜ人間は食事の回数を数えられるのか？──→共食するから

なぜ共食するのか？──→食物の奪い合いを防ぐため

まず、食事の回数を数えられる理由として共食ということが挙げられている。なるほど他人と一緒に食事するのであれば、食事の場所と時間が言えるような形態になるだろう。だが、他の理由は考えられないだろうか。立ち止まって、考えてみよう。

人と一緒にするのではなくとも回数を数えられることは他にもある。例えば、排泄。一日に何回排泄するかは人によってさまざまだろうが、回数を数えることはできる。そしてそれは、尿意・便意をもよおすからであり、誰かと一緒に排泄するからではない。だとすれば、食事もまた、たんに腹が減ったから食べ、満腹になったら食べ終わり、次の空腹まで食べないでいるというだけのことかもしれない。

あるいは、人間は食事をする以外にしなければいけないことができた。現代では仕事をしなければいけない人も多い。だから、しょっちゅう食べ続けているわけにはいかない。食事の時間を限定するようになったのはそれが理由ではないか。

そして、こうした理由が十分に説得力をもつのであれば、「食事時間が限定されるようになったのは共食するからだ」というのは、推測が飛躍していると言わざるをえない。

次の論証を見よう。「なぜ共食するのか?」と問いが立てられ、「食物の奪い合いを防ぐため」と理由が述べられる。立ち止まって、考えよう。

もしかしたら理由関係は逆かもしれない。つまり、奪い合いの心配がないから、同じ場所でみんなで食べることができるのかもしれない。奪い合いが生じる緊張が非常に高いのであれば、一緒に食べようとしても誰かが独占しようとするか、より多くの分け前を持っていこうとするのではないだろうか。（遺産相続における悲劇を見よ。）共食することで奪い合いが抑止されるということは、もっと説明してもらう必要がある。

また、なぜ分かち合うのかという問いに対しても、例えば「集団で狩りをするから」といった答えが考えられる。みんなで狩った獲物だから、みんなで分かち合う。そこで一人抜け駆けをすると、その者は次回から狩りの集団には加われなくなる。そういう事態になるのはその人も避けねばならないから、抜け駆けはしない。仲よしだからではなく、集団を保持することのメリットを知っているから、そのために、分かち合うのである。

私がいま示した答えの方が正しいと言いたいのではない。こうした答えがありそうなものと認められるのであれば、問題例文33はまだ十分な説得力をもちえていないということである。だとすれば、もっと説明してもらうよう、質問しなければならない。

問57の(イ)〜(ホ)を見よう。

(ロ)と(ホ)はいま述べた論証の飛躍についての質問である。

「(イ)時代や文化によって人間の食事の標準的な回数は異なるのか？」はこの文章の論証と

は無関係。△というより、×である。

「(ハ)霊長類以外の動物も共食しないのか？」は聞いてみたくなる問いである。例えばライオンは群れを作り、集団で狩りをする。そして雄と雌で獲物を食べる順番はあるようだが、同じグループ内で奪い合うことはなさそうである。そういう事例はどうなのか？　とはいえ、問題例文33の幹はあくまでも先に示した論証の提示であるから、この質問は、それ自体としては興味があるとしても、問題例文33の核心に触れるものではない。

「(ニ)ゴリラに見られるという「共食の萌芽」とはどのようなものか？」という問いも聞いてみたくなる。「萌芽」って何？　一緒に食べてるのか食べてないのか、どっちなの？　と尋ねたくなるが、これも、本筋の質問ではない。

問56・57の解答

○……(ロ)(ホ)　△……(イ)(ハ)(ニ)

そこで的確な質問としては次のような質問が考えられる。

共食するという以外に、食事の回数が言える理由は考えられないか？

共食すると、どうして奪い合いが起こらなくなるのか？

どうだろう。質問の難しさを感じとってもらえただろうか。的確な質問をすることは技術を要することである。さらに練習を続けていただきたい。

…あのう
最後にひとつ
うかがってもいいですか？
あなた
質問することがだいじだってこと
ほんとうに
納得しました？

8 反論する

8−1 水かけ論から抜け出すために

マチコとハルキが披露宴の相談をしている。

「ハルキも私と一緒にお色直ししなくちゃだめだよ」

「やだよ」

こうしてお互いの主張をただ言い合うだけで平行線をたどるとき、それは「**水かけ論**」と呼ばれる。水かけ論から抜け出すには、なによりもまず、自分の主張に対して根拠を示さなければいけない。第6章「そう主張する根拠は何か」で述べたように、根拠を示さなければ意見はたんなる独断となる。独断を言い合うだけでは、話し合いにはならない。

「ハルキも私と一緒にお色直ししなくちゃだめだよ。このまえ出た友だちの披露宴だって新郎がお色直ししてたもの」

「めんどくさいからやだよ」

それぞれ自分の主張の根拠を述べている。一歩前進である。しかし、これだけではまだ水かけ論を脱してはいない。

どうすればよいだろうか。

相手が根拠を示して主張しているのだから、その論証にどの程度説得力があるのかを問題にしなければいけない。いくら根拠づけをしても、それを無視して言い合うのであれば、根拠を示す意味がない。

いまの場合、マチコは「このまえ出た友だちの披露宴だって新郎がお色直ししていた」という根拠を示している。そこでハルキはその論証に納得できるかどうかを検討すべきである。そして納得できないならば、その点を問題にする。逆にマチコは、ハルキの「めんどくさいから」という根拠に納得できるかどうかを検討し、納得できないならばその点を問題にすべきである。そうして、お互いに論証を示し、その論証の説得力を評価することによってはじめて、水かけ論から抜け出す可能性が開ける。

問58　次の論証に対して、その根拠の弱さを指摘せよ。

(1)　友だちの披露宴では新郎がお色直しをしていた。だから、私たちの披露宴でも新郎はお色直しをすべきだ。

(2)　お色直しをするのはめんどうくさい。だから、私はお色直しをしない。

(1)相手の論証の不備を指摘しよう。例えば、「他人は他人、自分は自分。披露宴はひとのことはあまり気にしないで自分たちのかたちを考えていくのがいいと思うよ」のように言えば、まずは相手の発言に対して水かけ論ではない応答になっている。あるいは、もし彼女が別のことに関して「みんながやらないようなことをやりたいね!」とか言っていたら、「みんなと同じようにやりたいのか、みんなと違うことをやりたいのか、どちらなのか?」と、それら二つの発言の整合性を問題にすることもできるだろう。ただし、そのように理詰めに追い詰めることが得策かどうかについては、本書は関知しない。

(2)「めんどうくさい」というのも、一応根拠である。だが、いったい披露宴などという場において、「めんどうくさいから」という、ただそれだけの理由で何ごとかが免除されうるだろうか。さらに理由を付け加えるのでなければ、根拠としては弱いと言わざるをえない。

問58の解答例

(1) 披露宴はみんなが同じようにやるとはかぎらず、ある程度個性が反映されるものであるから、友だちの披露宴で新郎がお色直しをやっていたからといって、自分たちの披露宴でもやらなければならないことにはならない。

(2) 披露宴のようなそもそもがめんどうくさいイベントで、「めんどうくさいから」という理由だけでやらないことにしたら、披露宴が成立しなくなってしまう。それゆえ、「めんどうくさいから」というだけでは、新郎がお色直しをしない根拠としては弱い。

水かけ論にならないようにするには、相手の提示した論証を検討しなければいけない。示された根拠は正しいのか。その根拠からその主張は説得力をもって導かれるのか。こうしたことを検討する。たんに相手の主張を否定するのではなく、その論証の不備を示すのである。ここに、水かけ論になるかならないかを分けるもっとも重要なポイントがある。そこでこれを、「論証を批判する」と言うことにしよう。

論証を批判する……論証の不備を示すこと

論証を批判するとは、「その根拠づけは適切ではない」と論じることである。それゆえ、結論として示されている主張それ自体についてはまちがっているとも正しいとも述べていない。そこで、論証への批判から反論へと進むためには、その批判を踏まえた上で、さらに相手と対立する主張を根拠とともに述べなくてはいけない。

反論する……相手の論証を批判した上で、対立する主張を根拠とともに述べる

論証を批判することなく、ただ相手と対立する主張を述べるだけの場合を、「反論する」と区別して「**たんに反対する**」と言うことにしよう。たんに反対するだけでは水かけ論に終わる。水かけ論を抜け出して話し合いを前進させるためには、反論しなければならない。
では、問題をやってみよう。たんに反対するだけで水かけ論になってしまっているものはないだろうか。相手の論証を批判しているかどうかをチェックしてほしい。

問59 (1)〜(3)について、発言Bが発言Aに対する反論になっているかどうかを答えよ。

(1) A「大学の語学教育には、中国語やフランス語など、英語以外の外国語もある。しかし、グローバルに活動するためには英語だけで十分コミュニケーションが可能である。だから、英語以外の外国語は学ぶ必要がない」

B「外国語を学ぶ目的はコミュニケーションだけではない。人は言語を通してものごとを捉え、考えている。だから、非英語圏の地域のものの見方や考え方をより深く理解するためには、その地域の言語を学ばねばならない」

(2)
A「日本にカジノを作れば、それによってギャンブル依存症が増えることが予想される。また、治安の悪化や反社会的勢力の資金源につながる恐れもある。そうしたことを考えるならば、カジノは作るべきではない」

B「カジノがあれば、外国からの観光客が増える。また、いままで外国のカジノに行っていた日本人を引き留める効果もある。さらにカジノ関連での雇用が生まれる。こうした経済的効果はきわめて大きいものであるから、カジノを作るべきだ」

(3)
A「通勤・通学ラッシュの時間帯に女性専用車両を導入している鉄道路線も多い。しかし、女性だけが専用車両という特権を受けるのはおかしい。男女平等なのだから、女性専用車両など設けるべきではない」

B「痴漢行為がどれほど女性の心を傷つけるか考えたことがあるだろうか。女性専用車両は痴漢行為を防止するだけでなく、過去に被害にあい、そのことがトラウマにもなっている女性が安心して乗れる車両なのだ」

⑴Aは、「グローバルに活動するためには英語だけでコミュニケーションが可能」ということを根拠として、「英語以外の外国語は学ぶ必要がない」と主張している。だとすればAは、「大学で外国語を学ぶのはコミュニケーション能力を身につけるためだけである」と考えていることになる。Bはそこを批判している。外国語を学ぶ目的はそれだけではない。その言語を使っている人たちのものの見方や考え方を、言語を通してより深く理解できる。そこにも、英語以外の外国語を学ぶ重要性があるというのである。Bのこの発言はAの論証を批判しつつ、Aと対立する主張を根拠とともに述べているので、反論である。

⑵Aはカジノを作ることのデメリットを訴え、Bはそのメリットを訴えているだけで、相手の発言をどう評価するかについては何も述べていない。それゆえ、これは反論ではなく、たんに反対しているにすぎない。

このような、たんなるメリットとデメリットの言い合いはきわめてしばしば見られるものである。ここから水かけ論を抜け出すには、相手の主張するメリットやデメリットが本当にメリットやデメリットになっているか、とくにデメリットに関してはそれに対する対策が可能かどうかという点を検討しなければならない。そして、そのメリットとデメリットが正しく捉えられたならば、次にはその比較をすべきである。どんな提案にもよい面と悪い面がある。その両面を比較考量することによって、最終的な決断を導かねばならない。

カジノの例で言うならば、例えば次のようなやりとりであれば、Bの発言はAに対する反論になっている。

A「日本にカジノを作れば、それによってギャンブル依存症が増えることが予想される。だから、カジノは作るべきではない」

B「ギャンブル依存症の危惧に対しては対策が立てられる。頻繁にカジノに通うのは日本人だろうから、日本人を禁止して、外国人専用の施設にするのだ。それでも、海外からの観光客が増えること、およびカジノ関連で雇用が生まれることによる経済的効果はきわめて大きいと考えられる。だから、カジノは作るべきである」

Bのこの反論に対しては再反論があるかもしれない。例えば、「外国人専用にすることはカジノの利益を大幅に損ねる。それゆえ、経営を民間にゆだねつつ、そのように規制することは現実的には不可能だ」等々。論争は続き、決着は簡単にはつかないかもしれない。しかしだいじなことは、こうして水かけ論を脱して議論が深まっていくということである。

(3)Aは「男女平等なのだから女性専用車両はやめるべき」と主張する。しかしBは「男女平等なのだから」という根拠にはまったく触れず、「痴漢行為を防止し、痴漢被害の経験がトラウマになっている女性を守るために、女性専用車両は必要」と主張する。これはたんなる反対であり、反論ではない。
「男女平等」ということが「女性専用車両はやめるべき」という主張を適切に根拠づけているかどうかを、批判的に検討しなければいけない。例えば、「男女平等ということであれば男性専用車両も作ればよい」と応じることもできるだろう。あるいは、そもそもこの問題は男女平等などということを根拠にして論じるべきではないと応じることもできる。そこで、例えば次のように応答すればAに対する反論になっている。

B「これは男女平等といった原理的な問題ではない。男性が痴漢被害にあう件数よりも女性が痴漢被害にあう件数の方が圧倒的に多い。この事実にどう対処するか、その方策を考える現実的な問題である。女性専用車両が完全な解決にはならず、また最終的な解決の形ではないとしても、一定の効果をもっていることは確かであるから、少なくともいまは女性専用車両を続けるべきである」

問59の解答　(1)は反論になっている。(2)と(3)はたんに反対しているにすぎない。

8-2 反論のコツ

こうすれば反論ができるようになるというマニュアルなどありはしないが、いくつかアドバイスはある。以下、遺伝子組み換え作物についての論争を素材として、五つのアドバイスを示してみよう。

まず、議論の背景を説明しておく。バチルス・チューリンゲンシス（Bt）というバクテリアは昆虫に対する毒性のあるタンパク質（Btタンパク質）を作る。そこで、Btタンパク質を作る遺伝子をバクテリアから取り出し、作物に組み込むことによって、その作物が昆虫に対する毒性をもつようにする。これが遺伝子組み換え作物である。Btタンパク質にもさまざまな種類があり、対象となる昆虫をある程度しぼりこめるので、その作物にとって害虫となる昆虫だけを駆除するようなBtタンパク質を用いることができる。現在、日本でもナタネ、ジャガイモ、トウモロコシなどの遺伝子組み換え作物が認可されている。しかし、遺伝子組み換え作物の是非については、賛成・反対どちらの主張もあるのが現状である。

さて、遺伝子組み換え作物に反対する人が次のように主張したとしよう。

問題例文34

Btタンパク質は昆虫に対して毒性をもっている。それが人間に対して毒性をもたないという完全な保証はない。賛成派は安全が科学的に立証されたと主張する。だが、完全な立証など不可能である。どれほど綿密なチェックをしようとも、危険性はゼロではない。それゆえ、遺伝子組み換え作物は認めるべきではない。

反論を試みるどんな場合でも、最初にやらねばならないことは、反論しようとしている相手の論証の構造を明確に捉えることである。何が根拠なのか。そしてその根拠から何が結論として主張されているのか。それをはっきりさせること。

アドバイス1——論証の構造をはっきりさせる。

問60　問題例文34で示された論証の根拠と結論は何か。

論証の構造を捉えたならば、批判的に検討する。第6章でだめな根拠・弱い根拠について五つのチェックポイントを挙げておいた（200ページ）。ここではとくに次の二つの点に注意しよう。

根拠は誤っていないか。
根拠と結論の結びつきは弱すぎないか。

反論が苦手な人は、相手の言うことを——よく言えば素直に、悪く言えば無反省に——受け入れてしまう。そのような人は、素直さのスイッチをいったん切って、疑いのモードに切り替えることを覚えねばならない。納得しそうなところでも、あえて立ち止まり、「ホントカナ？」と問いかけてみるのである。つねにそのような態度でいると効率も悪いし疲れもする。なにより人間関係を損ねる恐れもある。しかし、「ホントカナ？」という疑いモードのスイッチを必要に応じてオンにできるのでなければ、反論を試みることはできない。

アドバイス2——「ホントカナ？」と立ち止まる。

では、問60「問題例文34で示された論証の根拠と結論は何か」の解答を示そう。「それゆえ」という語の前の部分が根拠であり、後の部分が結論である。根拠の部分は論証を批判的に検討するために必要な箇所だけを取り出せばよい。

問60の解答

根拠「安全性を完全に立証することは不可能であるから、危険性はゼロではない」
⟶結論「遺伝子組み換え作物は認めるべきではない」

この論証に対して「ホントカナ?」と疑ってみよう。提示された根拠は正しいだろうか? その根拠から結論は説得力をもって出てくるだろうか?

根拠を見よう。「安全性を完全に立証することは不可能であるから、危険性はゼロではない」、これは否定できないだろう。どんなに専門家が大丈夫と太鼓判を押しても、リスクがゼロということはありえない。

根拠と結論の結びつきはどうだろう。この根拠から「遺伝子組み換え作物は認めるべきではない」という結論は出てくるだろうか。ここも、「その通りだなあ」と納得してしまうかもしれない。よろしい、アドバイスを与えよう。論証に表立って現れていないことでも、何かその論証が前提にしていることはないだろうか。その隠れた前提を取り出して、それが正しいかどうかを考えてみるのである。

アドバイス3——隠れた前提を検討する。

「隠れた前提」について、第6章で用いた例で確認しておこう。

歌舞伎は日本の伝統芸能だ。だから、誰もが歌舞伎を見るべきだ。

この論証では、「誰もが日本の伝統芸能を見るべきだ」という隠れた前提がある。だがこれに対しては「日本の伝統芸能だからといって誰もが見るべきということはない。好みは人それぞれなのだから、見たい人が見ればよい」のように批判できるだろう。

問61
(1) 問題例文34の論証における隠れた前提は何か。
(2) いま取り出した隠れた前提を批判せよ。

問題例文34の論証は、遺伝子組み換え作物が認められない根拠として、「危険性がゼロではない」ことを挙げていた。ということは、「危険性がゼロでないものは認められない」という前提がここに働いていることになる。

問61⑴の解答　危険性がゼロでないものは認められない。

この前提に対して「ホントカナ?」と疑ってみよう。危険性がゼロでないものは認められないというのは、もっともらしいだろうか。遺伝子組み換え作物のことはいったん離れて、「危険性がゼロでないものは認められない」ということを一般的な主張として考えてみよう。どうだろう。言い過ぎではないだろうか。危険性がゼロではないが、私たちがふつうに利用しているもの、利用せざるをえないものはあるだろう。

問61⑵の解答例　例えば飛行機や車なども危険性はゼロではない。しかしだからといって飛行機や車を利用するなとは言えない。それゆえ、「危険性がゼロでないものは認められない」という主張は成り立たない。

この答えは問題例文34の論証に対する批判となる。問題例文34は危険性がゼロではないことを根拠に遺伝子組み換え作物に反対するが、そのようなことを言ったら飛行機や車も認められないことになってしまう。それゆえ、危険性がゼロではないというだけの理由では遺伝子組み換え作物を拒否する根拠としては不十分である。

もしかしたら、この批判に首を傾げた人もいるかもしれない。――反対派は別に飛行機や車まで認めないなどとは言っていない。遺伝子組み換え作物について「認めるべきではない」と言っているのであり、それを「飛行機や車も利用するなと言うのか」と批判するのは、相手の言っていないことに対して批判してしまっているのではないか。

いや、そうではない。問題例文34の論証は「危険性がゼロではない」ということだけを根拠にして遺伝子組み換え作物を拒否している。そうだとすると危険性がゼロでないものは、飛行機や車でさえ、すべて認められないことになってしまう。もちろんこれに対して反対派は、「飛行機や車までやめろとは言っていない。遺伝子組み換え作物に対して反対しているのだ」と言うだろう。だとすれば、飛行機や車は利用してもよいが遺伝子組み換え作物はだめだと主張する根拠を示さねばならない。それに対して「危険性がゼロではないから」とだけ言うのでは、答えになっていない。遺伝子組み換え作物に特有の理由を述べる必要がある。ここに問題例文34の論証の不備がある。

さて、以上のような批判を踏まえて、賛成派は次のように反論してくるかもしれない。

問題例文35

なるほど、遺伝子組み換え作物の安全性は完全に立証されているわけではない。しかし、それは飛行機や車も同様である。百パーセント安全というわけではなくとも、その大きな利便性のために、われわれは飛行機や車を利用する。遺伝子組み換え作物も、危険性はゼロではないとしても、農薬を使わないで済むという大きな利点をもっている。あなたたちも飛行機や車をやめろとは言わないだろう。ならば、遺伝子組み換え作物も認めるべきである。

まだ「ホントカナ?」のスイッチを切ってはいけない。この賛成派の主張に対して、反対派から再反論することはできないだろうか。考えてみよう。

先に述べたように、反論することは次の二つのことから成っている。

(i) 相手の論証を批判する。

(ii) 相手と対立する主張を根拠とともに述べる。

では、問題例文35に対する反論を三つのステップに分けて問題にしよう。

問62
(1) 問題例文35で示された賛成派の論証の根拠と結論は何か。
(2) 問題例文35で示された賛成派の論証を批判的に検討せよ。
(3) 遺伝子組み換え作物に対する反対派の主張を根拠とともに述べよ。

問題例文35は、次のような論証の型をもっている。このようなタイプの論証を「類比論法」と呼ぶことにしよう。

類比論法——Aを相手に認めさせるときに、それとよく似たBを持ち出して、まずBについて認めさせる。そしてAもBと同様なのだから、Aも認めるべきだと論じる。

問題例文35では、飛行機や車と遺伝子組み換え作物の類似性が指摘され、それをもとに、飛行機や車を認めるならば遺伝子組み換え作物も認めるべきと論証される。この「ならば」の前までが根拠であり、「ならば」の後が結論である。

問62⑴の解答

根拠「飛行機や車の危険性はゼロではないが、大きな利便性をもつ。遺伝子組み換え作物も同様である。なるほどその危険性はゼロではないが、農薬を使わないで済むという大きな利点をもっている。そしてあなたたちは飛行機や車の利用を認めるだろう」
⟶結論「遺伝子組み換え作物も認めるべきである」

ではこの論証を批判的に検討しよう。

根拠で述べられていることはどうか。とくにまちがいは見当たらない。飛行機や車について言われていることはその通りであるし、遺伝子組み換え作物も、なるほど危険性はゼロではないが、遺伝子操作で害虫を駆除するので農薬に頼らなくて済むようになる。これは大きな利点であるように思われる。

根拠と結論の結びつきはどうだろうか。類比論法が成立するか否かは、その類比が結論を導くのに十分なものかどうかにかかっている。二つのものごとが似ているとして、それらが同じものではない以上、そこには必ず相違点もある。その相違点のゆえに、類比論法が成り立たなくなっているということはないか。その点を検討するのである。

アドバイス4——類比論法に対しては相違点を考える。

飛行機や車と遺伝子組み換え作物との相違点の中で、この類比論法を切り崩す力をもったものはないだろうか。飛行機や車は誰もが毎日利用するというものではない。他方、遺伝子組み換え作物は日常の食事に関わっており、きわめて多くの人が幼児期から一生を通じて口にすることになる。ここに、大きな相違点がある。この点に注目すれば、問題例文35で示された類比論法に対しては、次のように批判することができるだろう。

問62(2)の解答例　飛行機や車と異なり、遺伝子組み換え作物は毎日の食事に関わっている。きわめて多くの人が幼児の頃から一生を通じてずっと遺伝子組み換え作物を食べ続けた場合に懸念される危険性は、飛行機や車よりもはるかに深刻である。それゆえ、遺伝子組み換え作物を飛行機や車と同様に論じることはできない。

次に、問62⑶「遺伝子組み換え作物に対する反対派の主張を根拠とともに述べよ」を検討しよう。反対派は「遺伝子組み換え作物は認めるべきではない」と主張する。では、反対派がそう主張する根拠は何だろうか。「危険性がゼロではないから」という根拠はすでに批判された。そこで、まだ批判されていない根拠を考えねばならない。

賛成派からまだ批判されていない根拠の一つは、問62⑵の解答例で示した論証の批判の中に見出すことができる。すなわち、「遺伝子組み換え作物は深刻な危険性をもたらす」というものである。これは、たんに危険性がゼロではないからと論じるものではない。その危険

性が深刻だから、遺伝子組み換え作物は認めるべきではないというのである。

先に問62(2)の解答で示した賛成派の論証に対する批判と、次の(3)の解答（反対派の論証）を合わせれば、問題例文35に対する反論になる。

問62(3)の解答例　飛行機や車よりもはるかに深刻な危険性をもたらす可能性が否定されないかぎり、遺伝子組み換え作物は認められるべきではない。

最後に、もう一つアドバイスを付け加えておきたい。賛成派は遺伝子組み換え作物を使えば農薬に頼らなくて済むという利点を強調する。他方、反対派は遺伝子組み換え作物の危険性を強調する。このように、あることがらの是非に関して、一方がそのメリットを挙げて賛成し、他方がデメリットを挙げて反対するという論争はしばしば見られるものである。

例えば、問59で取り上げたカジノについての論争もそうであった。こうした論争では、しばしばメリットとデメリットの言い合いに終始してしまう。カジノの例で言えば、一方は「カジノは経済効果があるからよい」と主張し、他方は「ギャンブル依存症を増やすからよくない」と主張する。そして水かけ論になる。

このような場合には、主張されているメリットとデメリットの内容を明らかにし、そのメリットがどれほどのものか、そのデメリットにはなんらかの対処法がないかといったことを検討し、その上でメリットとデメリットを比較考量して結論を出さねばならない。

アドバイス5――メリットとデメリットを比較する。

遺伝子組み換え作物について、賛成派と反対派が次のように対立していたとしよう。

問題例文36

賛成派「遺伝子組み換え作物であれば農薬を使わないで済む。農薬を散布することによる環境への負荷をなくすことができるというのは、大きな利点である。だから、遺伝子組み換え作物を認めるべきだ」

反対派「遺伝子組み換え作物を幼児の頃から日常的に食べ続けても安全であると、完全に証明されているわけではない。しかも、そこで懸念される危険性はひじょうに深刻である。だから、遺伝子組み換え作物は認めるべきではない」

賛成派も反対派も、それぞれ根拠を挙げて主張しているのはよいのだが、お互いに相手の論証は無視して自分の意見だけを述べている。このままでは水かけ論である。相手の意見にたんに反対するのではなく、反論しなければいけない。すなわち、相手の論証を批判的に検討した上で、相手の主張と対立する主張を根拠とともに述べるべきである。

農薬を使わないことのメリットはどれほどのものなのか。農薬を使うことのデメリットはどれほどのものであり、それに対してどのような対処法がありうるのか。遺伝子組み換え作物の安全性が完全に証明されているわけではないとしても、どの程度まで検証されているのか。あるいは、遺伝子組み換え作物のメリットとデメリットには他にどのようなものが考えられるのか。こうしたことを丁寧に把握した上で、そのメリットとデメリットを比較考量する。そのためには、専門的な知識や調査も必要とされよう。

難しいのは、そうして議論を尽くしても、なお意見が分かれ、何が「正解」かは分からないかもしれないということである。最終的には決断を求められる。だが、決断するためにも、お互いに反論しあい、議論を深めねばならない。

ここまで五つのアドバイスを挙げた。こうしたアドバイスはさらに増やすこともできる。

しかし、反論のマニュアルを求めるような気持ちでそうしたアドバイスをたくさん覚えても、役には立たない。最初はアドバイス1とアドバイス2だけでも十分なほどである。「ホントカナ?」のスイッチを入れられるようにしておくこと。そうして経験を積むことである。

アドバイス1——論証の構造をはっきりさせる。
アドバイス2——「ホントカナ?」と立ち止まる。
アドバイス3——隠れた前提を検討する。
アドバイス4——類比論法に対しては相違点を考える。
アドバイス5——メリットとデメリットを比較する。

8-3　さあ、反論してみよう

では、いくつか問題練習をしてみよう。見るからに説得力のない論証だろうから、当たるを幸いとばかりになぎ倒していただきたい……のだが、反論することが苦手な人は、こんなに説得力がない論証なのにうまく反論できない自分に、むしろイラッとするかもしれない。そのような人のために、次ページから、考える足掛かりになるような問題を出しつつ順を追って解説していこう。しばらく反論を考えた上で、解説にガイドされながら考えを進めていってほしい。

問63 次の主張に対して反論を考えよ。

(1) 歩きながらスマートフォンを操作する、いわゆる歩きスマホが悪いことのように言われているが、別に法律で禁止されているわけではないのだから、いつどこで歩きスマホをしようが勝手じゃないか。

(2) 一夜漬けで勉強しても、一時的に短期記憶として覚えているだけで真の力として身につくわけではない。だから、試験勉強なんかしない方がいい。

(3) 今度の人事異動では君かぼくのどちらかが昇進する。君が昇進するとぼくは昇進できない。それはぼくにとってはたいへんな迷惑だ。人に迷惑をかけてはいけないというのは、君も子どもの頃から言われてきただろう。だから、君は昇進が決まっても辞退すべきだ。

なんとなく勢いで読んでしまい、何かおかしいと思いつつも、その違和感が明確に表現できないでもどかしく感じるかもしれない。とくに口頭で自信満々に言われたりすると、それだけで気おされてしまう可能性がある。冷静に分析するためにも、根拠と結論を箇条書きにしておくとよい。

そして、「ホントカナ?」のスイッチを入れて、「根拠は正しいか」「その根拠から本当にその結論が出てくるか」「まちがった前提が隠れていないか」と、一つひとつ批判的に検討していくのである。では、一問ずつ見ていこう。

(1) 歩きながらスマートフォンを操作する、いわゆる歩きスマホが悪いことのように言われているが、別に法律で禁止されているわけではないのだから、いつどこで歩きスマホをしようが勝手じゃないか。

この論証における根拠と結論を書き出そう。

根拠「歩きスマホは法律で禁止されていない」
──→結論「いつでもどこでも自由に歩きスマホをしてよい」

根拠は正しい。現在のわが国では、歩きスマホをしているというだけで法律違反になるわけではない。では、根拠と結論の結びつきはどうか。ここには、隠れた前提がある。

問64 (1)の論証において、隠れた前提を取り出し、批判せよ。

隠れた前提って何だっけ？
論証の中で表立って言われてはいないけどその論証が成り立つために前提にされていること
あまり隠れていないこともあるけどね
出ちゃだめだ隠れてるんだ！

問64の解答例　(1)の論証には、「法律違反でなければ、いつでもどこでも自由にしてよい」という隠れた前提がある。しかし、その前提はまちがっている。たとえ法律違反でなくとも、マナー違反であるとか危険であるといった理由で、行うべきではないことがある。

この解答を踏まえて、(1)の論証に反論しよう。

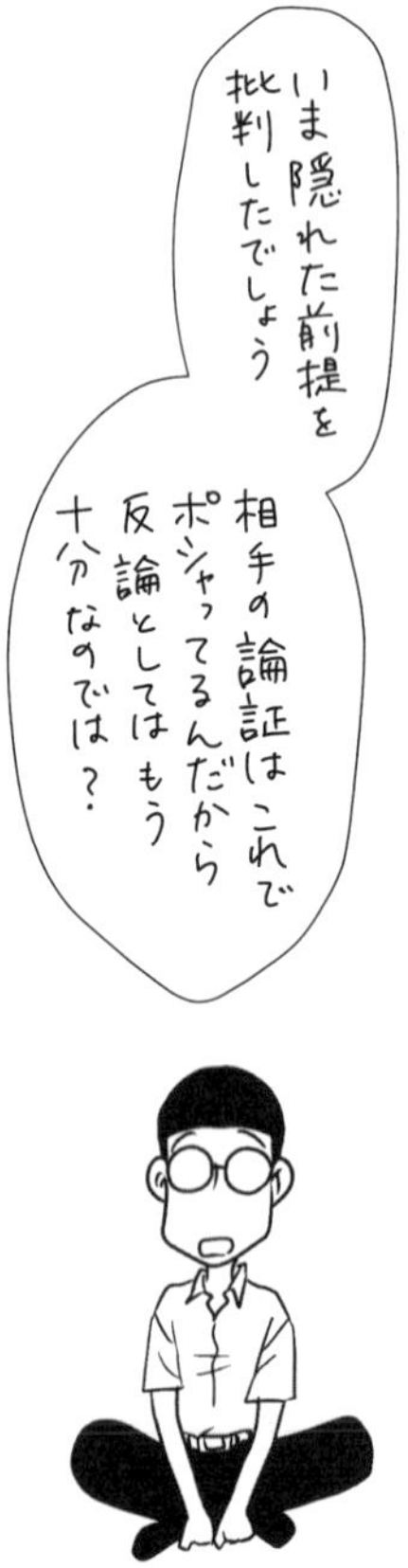
いま隠れた前提を批判したでしょう
相手の論証はこれでポシャってるんだから反論としてはもう十分なのでは？

いや、「反論する」とは、相手の論証を批判した上で、自分の意見を論証することである。「法律違反ではないから歩きスマホはしてもよい」という論証を批判した上で、さらに「歩きスマホはやめるべきだ」という主張を根拠とともに述べなくてはいけない。

問63(1)の解答例　問64の解答例に次を加える。

駅のホームや人通りの多い道などでは歩きスマホは非常に危険である。だから、そのような場所では歩きスマホはやめるべきだ。

(2)　一夜漬けで勉強しても、一時的に短期記憶として覚えているだけで真の力として身につくわけではない。だから、試験勉強なんかしない方がいい。

まず、この論証における根拠と結論を書き出そう。

根拠「一夜漬けは身につかない」──→結論「試験勉強はしない方がよい」

根拠の正しさはよいこととして、ここでは根拠と結論の結びつきを問題にしよう。この論証にも、隠れた前提がある。

問65　(2)の論証において、隠れた前提を二つ取り出せ。

まず、「一夜漬けは身につかない」から「試験勉強は身につかない」を導くために、「試験勉強はいつも一夜漬けだ」という前提がある。

一夜漬けは身につかない
　隠れた前提1……試験勉強はいつも一夜漬けだ
→試験勉強は身につかない

次に、「試験勉強は身につかない」ということから「試験勉強はしない方がよい」という結論を導くためには、「身につかないなら勉強はしない方がよい」という前提が必要である。

試験勉強は身につかない
　隠れた前提2……身につかないなら勉強はしない方がよい
→試験勉強はしない方がよい

問65の解答　⑵の論証には次の二つの前提がある。

前提１「試験勉強はいつも一夜漬けだ」
前提２「身につかないなら勉強はしない方がよい」

こうして隠れた前提を表立って書き出してみると、批判のポイントが見てとりやすくなるだろう。前提１については、誰もがつねに一夜漬けで試験勉強するわけではない、と応じることができる。試験のためにじっくり時間をかけて勉強することもふつうにある。また、前提２も明らかに言い過ぎである。学んだことが身につけばそれに越したことはないが、身につかなくても合格するために付け焼刃で済ませねばならないときもある。

この論証への批判を踏まえて、⑵の主張に反論する。だが、解答例を示す前に、一点注意をしておこう。いま反論しようとしている主張は「試験勉強はしない方がよい」というものである。その主張と対立する主張は何だろうか。それに対して「試験勉強はした方がよい」と答える人も多いだろう。その主張で反論してくれても、もちろんかまわない。しかし、もう一つ別の形の主張で反論することもできる。相手が「しない方がよい」と言っているのだから、「してもよい」と応じるのである。「試験勉強はしてもよい」、この主張の方が「試験勉強はした方がよい」より控えめであるから、根拠も考えやすいだろう。

問63(2)の解答例　この論証には「試験勉強はいつも一夜漬けだ」という前提がある。しかし、これは正しくない。もっと時間をかけて試験勉強する場合もある。また、「身につかないなら勉強はしない方がよい」ということも前提にされているが、これも正しくない。たとえ身につかなくとも、合格するためには試験勉強をしなければならないときもある。それゆえ、試験勉強することも認められるべきである。

(3)　今度の人事異動では君かぼくのどちらかが昇進する。君が昇進するとぼくは昇進できない。それはぼくにとってはたいへんな迷惑だ。人に迷惑をかけてはいけないというのは、君も子どもの頃から言われてきただろう。だから、君は昇進が決まっても辞退すべきだ。

むちゃくちゃな論証である。現実問題としては「バカなことを言うもんじゃない」と一蹴すればよいのかもしれないが、反論の練習と心得て生真面目に反論してみよう。まず、冷静に対処するためにも、根拠と結論を書き出そう。(3)の論証は二つの根拠から成っている。一つ目の根拠は「君が昇進するとぼくは昇進できない。それはぼくにとってはたいへんな迷惑だ」という部分であり、二つ目は「人に迷惑をかけてはいけない」である。そしてこの二つの根拠が合わさって、結論が導かれている。

根拠1「君が昇進するとぼくは昇進できないので迷惑だ」
＋
根拠2「人に迷惑をかけてはいけない」
⟶結論「君は昇進が決まっても辞退すべきだ」
（「＋」の記号は二つの根拠が合わさって結論を導いていることを示す。）

「迷惑をかける」とは「相手の不利益になるようなことを行うこと」だとして、「人に迷惑をかけてはいけない」という原則を無制限にふりかざしたらどうなるだろう。まさに(3)の論証が、この原則を無制限に適用した結果である。だとすれば、「人に迷惑をかけてはいけない」と無条件に言い切るのは言い過ぎだろう。

問66　「人に迷惑をかけてはいけない」という主張が言い過ぎである点を指摘せよ。

人にまったく迷惑をかけないで生きるのは不可能である。正当な理由がある場合には、人に迷惑をかけてもしょうがない。では、目下の場合にはその理由は何だろうか。

問66の解答例　理由なく人に迷惑をかけることは許されないが、正当な理由があれば許される。一般に競争のような場面では、負けた者が不利益を被ることが予想されるが、それは競争である以上しょうがないことである。それゆえ、昇進のポストをかけた競争の場面で「人に迷惑をかけてはいけない」と主張することは適当ではない。

あるいは、こんなふうに論じてもよいだろう。「私の昇進は君に迷惑をかけるだろうが、逆に君の昇進は私に迷惑をかける。お互いさまである。それゆえ君が私に昇進の辞退を迫るのなら、私も同様にして君に昇進の辞退を迫ることになる。」

ここまでは論証への批判であるから、さらに対立する主張を根拠とともに付け加えて、反論を完成させよう。この場合、対立する主張は「私は昇進が決まっても辞退する必要はない」というものとなる。あまりに当然のことなので、かえって根拠づけが難しいかもしれないが、一応根拠とともに対立する主張を述べるという反論の形を練習するために、あえてそのあたりまえの根拠を述べておこう。

問63(3)の解答例　問66の解答例に次を加える。

私には昇進を受ける権利があり、また会社の任命を受ける義務もある。それゆえ、私は昇進が決まったときにそれを辞退する必要はない。

> **問題例文37**
> 背が高い子もいれば低い子もいる。それはそれぞれの個性であり、優劣をつけるべきものではない。同様に、走るのが速い子もいれば遅い子もいる。それもそれぞれの個性である。だから、運動会の徒競走では順位をつけるべきではない。

問67　問題例文37の主張に対して反論を考えよ。

「徒競走では順位をつけるべきではない」という主張に賛成の人もいるだろう。その人はもしかしたら問題例文37の主張に対して反論を考えにくいかもしれない。だが、そうだとしたら、それは危険なことである。賛成する意見に対しては反論を考えることができないというのでは、たんなるひとりよがりになってしまう。「自分はこう考えるが、それに対してはどのような反論がありうるだろうか」と、さまざまな反論の可能性を考え、チェックする。そうすることによって、自分の考えがより説得力のあるものになっていく。

反論を考えるトレーニングは、たんに相手を言い負かすためだけのものではない。思考が独善的にならないようにするためには、反論の力を鍛え、その力をなによりも自分自身に向けるのでなければならない。

では、問題例文37を検討しよう。まず、根拠と結論を明らかにする。そのさい、隠れた前提があるかどうかもチェックすること。

根拠1「身長の違いは個性であり、優劣をつけるべきものではない」
＋
根拠2「走る速さの違いも身長と同様に個性である」
――→結論「徒競走では順位をつけるべきではない」

身長の違いに優劣をつけるのはおかしいということを相手に認めさせ、身長の違いと走る速さの違いの類似性に訴えて、走る速さにも順位をつけるべきではないと結論する。

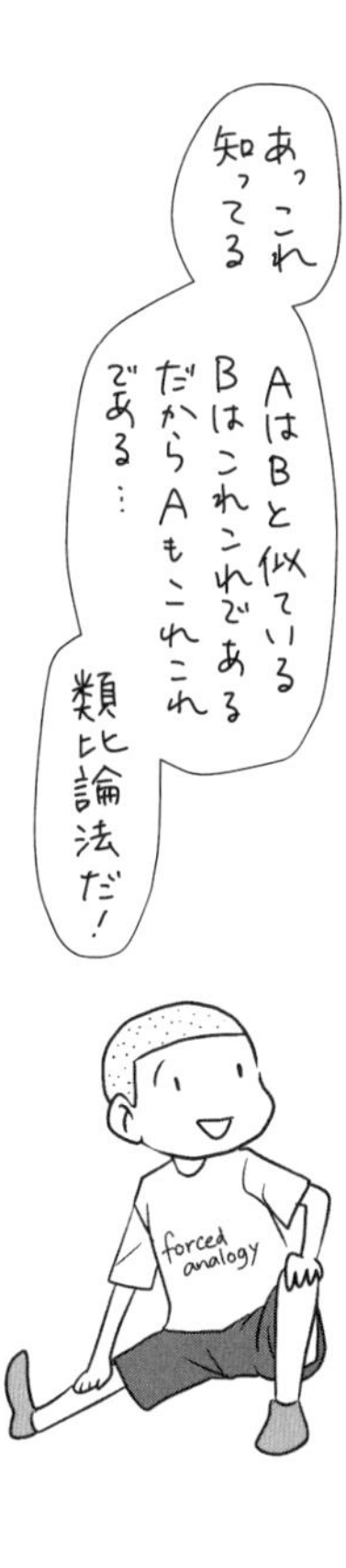

そう、類比論法のパターンである。類比論法に対してはアドバイス4を思い出そう。示された類比論法を突き崩すような相違点はないだろうか。

問68　身長の個人差と走る速さの個人差との相違点を考え、それをもとに問題例文37の論証を批判せよ。

少し話が飛躍するが、例えばオリンピックの種目に背の高さを競う競技はない。なぜか。一つの答えはこうだろう。身長計の上で一所懸命がんばったのでいい記録が出せたということはない。また、身長とふだんの努力との因果関係はゼロとは言わなくとも、さほど大きくはないだろう。それに対して、走る速さはふだんの努力が大きく影響し、また競技のときにどれほどがんばったかも結果に如実に反映される。それが、決められた距離を走るということがオリンピックの競技種目になりえている理由である。

もちろん、走る速さには生まれつきの要因もあるだろうが、身長と比べれば後天的な要因はずっと大きいと言える。このことは、徒競走の場合にも論証の成否を左右する相違点となるだろう。

問68の解答例　身長は計測のときにがんばればいい記録が出るというものではない。また、ふだんの努力が大きく影響するわけでもない。他方、走る速さは競技のときにどのくらいがんばるかによってタイムが異なり、またふだんどのくらい走っているかといったことも大きく影響する。こうした相違点は、優劣を決めることの是非を論じるさいにはきわめて重要なことであるから、身長が優劣をつけるべきものではないことを根拠に、徒競走でも順位を決めるべきではないと結論することはできない。

さて、これをもとに問題例文37に反論しよう。いま示した問68の解答例は論証に対する批判である。それを反論として仕上げるには、さらに相手と対立する主張を根拠とともに述べなければならない。

まず、「徒競走で順位をつけるべきではない」と対立する主張を考えよう。二つの形の主張が考えられる。

「徒競走で順位をつけるべきではない」と対立する主張

{「徒競走では順位をつけるべきだ」
「徒競走では順位をつけてもよい」}

どちらの形の主張で反論してくれてもかまわない。より控えめな主張の方が根拠づけがしやすいので、ここでは「徒競走では順位をつけてもよい」という形で反論しよう。

では、「徒競走で順位をつけてもよい」という主張の根拠として、どのようなことが考えられるだろうか。運動会をやる目的は何だろう。運動会にはいくつもの要素が含まれている（第5章の問題例文28を思い出してほしい）が、その一つとして、ゲームを通して運動への関心を高め、子どもたちを運動へと動機づけることがあるだろう。そしてゲームであれば、多くのゲームに勝ち負けがある。このことが、「徒競走で順位をつけてもよい」ということの根拠になりうるのではないだろうか。

問67の解答例　問68の解答例に次を加える。

運動会の目的の一つは、ゲームを通して子どもたちの運動への関心を高め、また運動へと動機づけることにある。徒競走もそうしたゲームの一つである。それゆえ、ババ抜きや人生ゲームや将棋といったゲームに勝敗があるように、徒競走にも勝敗があってよい。

この反論に対して、なお再反論ができるかもしれない。問67の解答例はババ抜きや人生ゲームや将棋といったゲームと徒競走との類似性に訴える、類比論法になっている。だとすれば、ババ抜き等々のゲームと徒競走との相違点が問題になる。問67の解答例の論証を成り立たせなくするような相違点は、何かないだろうか。

例えば、こんな相違点が指摘できるだろう。ババ抜きなどはやりたい人がやればよい。しかし、徒競走は全員が強制的に参加させられる。参加したくないのに参加させられて、しかも敗者になったりもする。このことがもつ教育的意味は何か。

いや、ここまでにしておこう。徒競走をめぐる論争に決着をつけることが私たちの目的ではない。議論はまだ続くだろう。

そして、国語力を鍛えるトレーニングもまだまだ続く。しかし、私の開講する国語ゼミは、このあたりで終わりとしよう。

国語ゼミ終了!!
おつかれさま! どうだった?
面白かった!
問題たくさんあったから大変だったなー
オレは問題のとことばしちゃった
なぬ!?
だってめんどうじゃん
お前というやつは…!!
ちゃんとやれって「はじめに」に書いてあっただろうが
アハハ
トビオって推理小説も結末から読むもんね
読み方は自由だけど よければ後でも問題やってみてね
そう?
めんどい
やり方を知るだけじゃなくて
実際にやってみるのって大事だよ
鉄道だって乗ってみないと
ほんとそれ
スキーとか自転車と同じだよね
練習してなんぼ
それは知らんけど
オッ 類比論法だね!
ヒロシやるじゃん
身についてる
いやーそれほどでも…
もっと言って
しかし…
結局のところ国語力って何なのかね?

そうねえ
言葉を使って生きていく力というか…
私は国語力は愛だなって思ったよ
愛!?
finale
伝える読み取る語り合う分かり合う
そのために相手のことを考える
これすなわち愛!!じゃない!?
なるほど
確かに…
言葉の力をきたえて分かり合えることが増えたら
世界はその分すてきになるでしょ?
なんかやる気出てきたぞ
愛の力で世界平和!
イエーイ
それではみなさんさようなら
また会う日まで元気でね!

おわりに

私たちは完全には分かりあえない。それはあたりまえのことだ。他人の言うことがすべて完璧に分かるなどということがあるはずはないし、私の言うことがすべて完璧に他人に伝わるということもない。だから、「どうして分かりあえないのだろう」と嘆く必要はない。「誰とでもどんなことでも分かりあえる」というのは幻想にすぎない。そしてその幻想は、分かりあえない相手を切り捨てる力として働きかねない危険な幻想でもある。

だが、「どうせ分かりあえないのだから」と諦めてしまい、最初から分かろうとも分かってもらおうともしないのは、もっと危険である。完全には分かりあえないということはなるほどあたりまえだ。

しかしそうだとすれば、不完全ながら分かりあえるということも、あたりまえのことなのだ。私たちは、完全にではないけれども、分かりあえる。分かりあえないことをネガティブに捉えるのではなく、少しでも分かりあえたことを喜ばなくてはいけない。

「分かりあう」ということは二つのことからなっている。理解することと、納得すること。納得するためには理解しなければならない。しかし、理解できたからといって納得できるとはかぎらない。言っていることの意味は理解するが、同意はできないということも、ごくふつうにあるだろう。

理解しあうことも難しいが、納得しあうことはもっと難しい。また、みんなが完全に納得しあうことが望ましいというわけでもない。全員がどんなことについても同じ考えに同意するなどという方がよほどおかしいのであって、さまざまな考えがあるというのは健全なことである。だがこれも、「考えは人それぞれ」でおしまいにするわけにはいかない。合意を形成しなければ一緒に何ごとかを為すことができない場合も多い。考えの多様性を尊重しながら、なお歩み寄る努力が求められる。さらに、「考えは人それぞれ」で終わらせてしまうと、自分の考えを深めることも、改善することもできない。また、新しい考えに気づかされるということもなくなってしまう。だから、難しいことではあるけれども、自分の考えに納得してくれない他人やあなたが納得できない意見を言う他人が現れたとき、そこでお互いを切り離してしまうのではなく、納得しあおうと努力しなければいけない。そして、少しでも納得しあえる方向に進んだならば、それはとても喜ばしいことだ。

分かりあおうとする努力、それを支えるのが、言葉の力である。本文中にも書いたことだが、ここには負のスパイラルと正のスパイラルがある。言葉の力が不足していると、分かりあおうとするのもたいへんで、すぐに諦めてしまう。すぐに諦めてしまうから、国語力も育たない。こうして負のスパイラルに陥る。他方、分かりあおうとする強い気持ちをもち、そこで言葉の力を身につけると、分かりあおうとする努力がその分だけ楽になる。楽になれば、もっと分かりあおうと努力するようになる。そうすればそれによって国語力も鍛えられていく。こうして正のスパイラルに入っていく。

負のスパイラルに落ちずに正のスパイラルに向かう。最初はちょっとしたきっかけだろう。そのきっかけを与えること。正のスパイラルに向けて少し背中を押してあげること。それが国語ゼミの狙いだった。私は最初、この本を水泳のプール指導に喩えた。さあ、プールから出て、海に行こう。あとは海で実地に身をもって学び取っていく。そして力強い泳ぎ手となって、みごとに泳ぎきってもらいたい。

二〇一八年　初夏

野矢茂樹

参考文献

参考にさせていただいた文献を以下に記す。基本的に参考にしたのは内容だけであり、文章は私が書いたものである。だから、悪文の例として挙げてあるような場合でも、それはけっしてその文献の文章が悪文であることを意味してはいない。また、いくつかのものに関しては原文に近い形で利用させていただいている。そのような場合には「……に基づく」と記した。


38ページ、リコの台詞は、菊池直恵『鉄子の旅6』（小学館）を参考にした。

問題例文8、書き直し例文9　八太昭道『新版　ごみから地球を考える』（岩波ジュニア新書）を参考にした。

問題例文10、書き直し例文11　以下を参考にした。宮田眞治・畠山寛・濱中春編著『ドイツ文化　55のキーワード』（ミネルヴァ書房）、53「ソーセージとケバブ」（岡本和子）、54「ビール」（畠山寛）、アサヒビール公式サイト「世界のビールの歴史」（二〇一七年十二月閲覧）。

問題例文12、書き直し例文13　下條信輔『サブリミナル・インパクト』（ちくま新書）を参考にした。

問27　村上道夫・永井孝志・小野恭子・岸本充生『基準値のからくり』（講談社ブルーバックス）を参考にした。

問29　鈴木真二「あんなに重い飛行機が、なぜ、軽々と空を飛べるのか?」（ウェブサイト「夢ナビ　大学教授がキミを学問の世界へナビゲート」、講義No.02170）を参考にした。

問30　坂口幸弘『死別の悲しみに向き合う』（講談社現代新書）を参考にした。

問題例文14、書き直し例文15　武村雅之『地震と防災』（中公新書）を参考にした。

問題例文16、書き直し例文17　太田聰一・橋木俊詔『労働経済学入門』（有斐閣）を参考にした。
問題例文18、書き直し例文19　稲垣栄洋『蝶々はなぜ菜の葉にとまるのか』（角川ソフィア文庫）を参考にした。
問題例文25　藤井建夫「発酵と腐敗を分けるもの――くさや、塩辛、ふなずしについて」（『日本醸造協会誌』106巻4号）を参考にした。
問題例文26　梶井厚志『故事成語でわかる経済学のキーワード』（中公新書）を参考にした。
問題例文27　土井隆義『友だち地獄』（ちくま新書）を参考にした。
問題例文28　玉木正之『スポーツとは何か』（講談社現代新書）に基づく。
問題例文29　玉手英夫『クマに会ったらどうするか』（岩波新書）を参考にした。
問題例文30　窪薗晴夫「ママは昔パパだったのか？――五十音図の秘密」（中島平三編『ことばのおもしろ事典』朝倉書店、所収）を参考にした。
問題例文31　橋場弦「古代オリンピック――ギリシア人の祝祭と身体」（橋場弦・村田奈々子編『学問としてのオリンピック』山川出版社、所収）（原文のまま）。
問題53(3)　田守育啓「臨場感を醸し出す魔法のことば！」（中島平三編『ことばのおもしろ事典』朝倉書店、所収）を参考にした。
問題53(4)　山内志朗「好きになるってどんなこと？――自分の世界にデビューすること」（野矢茂樹編『子どもの難問』中央公論新社、所収）に基づく。
問題53(6)　日高敏隆『動物にとって社会とはなにか』（講談社学術文庫）を参考にした。
問題例文32　竹内聖一「コミュニケーションとしてのケア」（金井淑子・竹内聖一編『ケアの始まる場所』

ナカニシヤ出版、所収）を参考にした。

問題例文33　大澤真幸「「食」をめぐる葛藤の弁証法的解決」（『本』二〇一七年二月号、講談社）を参考にした。

8-2　遺伝子組み換え作物に関する論争は、伊勢田哲治・戸田山和久・調麻佐志・村上祐子編『科学技術をよく考える』（名古屋大学出版会）を参考にした。

付録

その文章はどういう問いに答えているのか

文章は二つに大別される。言いたいことがある文章と、とくに言いたいことがあるわけではない文章である。

例えば、学術的な論文には必ず言いたいことがある。仕事で作成する企画書なども、言いたいことがある文章だろうし、あるいは、肉じゃがのレシピなども「こうすれば簡単においしい肉じゃがが作れる」という言いたいことがあって書かれている。

他方、言いたいことがないか、言いたいことがまったくないわけではないがとくにこれが言いたいということがはっきりしない文章というものも、たくさんある。文学的な文章の多くはそうだろう。一般に小説は何か言いたいことが明確にあって書かれているわけではない。事典や教科書の記述も、何ごとかについて事実を述べているのであり、とくに言いたいことがあるわけではない。あえて言えばすべてが言いたいことであり、読者はそこから自分の関心に即して必要な情報を取り出すことになる。あるいは、肩の凝らない雑談的なエッセイやコラムも、とくに言いたいことがない方がふつうである。

さて、このように区別した上で、言いたいことがある文章をどう書けばよいのかについて、一つのアドバイスを与えてみたい。ただし、文章には言いたいことがなければならないなどと言いたいわけではない。いま挙げた小説、事典、教科書は言うまでもなく、雑談的なエッセイやコラムも、相応の価値をもっている。そうした文章を排除するつもりはない。言いたいことがとくにあるわけではない文章は、ここでの守備範囲外というにすぎない。

言いたいことがある文章の場合、その言いたいことを的確に相手に伝えられなければならない。だが、必ずしも言いたいことが聞き手や読み手のもとに届くとはかぎらない。おそらく、いまこの文章を読んでいる読者もそのような思いをもったことがあるだろう。言いたいことがあるのに、きちんと理解してもらえない。そういう意味じゃないのにとか、ポイントはそこじゃないのにとか、あるいはそもそも関心をもってもらえずに聞き流されてしまうとか。伝えたいことがしっかりと的確に相手に伝わる、そのような文章は「達意の文」と言われる。では、達意の文を書くにはどうすればよいのか。

そんなこと頭では分かってるよ、と言う人もいるかもしれない。――必要なことはきちんと書く、よけいなことは書かない、そして曖昧さを避け、明確な表現を心がける。とくに、相手に分からない言い方をしてしまわないように、十分相手に配慮する。だけどね、それを実際に行うのが、難しいんじゃないか。

ふむ。その通りだ。しかし、もしそれで頭で分かっておくべきことが尽くされていると考えるなら、まだ足りないことがある。達意の文を書くために心得ておくべきこと。いま挙げたことでは十分ではない。少なくとも、あと一つだいじなポイントがある。分かるだろうか？　これが案外見落とされているのではないかというのが、私の診断であり、そこで、そのポイントをアドバイスしようというわけである。

もったいぶらないで早く書け、と言いたくなっただろうか。もしそうなら、思うつぼである。そして、それが、私のアドバイスにほかならない。すなわち、相手に問いを共有してもらうこと。自分の言いたいことを書く前に、それが答えになるような問いを読み手に共有してもらう。それが文章を書く上でなによりも——過不足なく、明確に、相手に合わせた言い方で書く、といったことよりも——だいじなのである。

問いを共有してもらう。そのことのだいじさを私は、大学で学生たちに教える中で実感してきたように思う。私は哲学を教えている。例えば、時間論を講義する。もちろん自分ではだいじだと思っていることを話すのだが、分かりやすく明晰に話すことを心がける以前に、学生が聞く気になってくれなければしょうがない。聞く気がなければ寝落ちするかスマホに向かうかしてしまうだろう。たとえ聞いていたとしても、何も頭に残らないに違いない。これは、のどが渇いていない人に水を差し出してもありがたがられないのと一緒である。逆に、腹が減っていればなんてことのない冷めた塩むすびでもこの上なくうまかったりする。そこで、なんてことのない冷めた塩むすびぐらいしか提供できない私は、なんとかして学生に知的空腹感をもたらそうとするのである。「「時が流れる」という言い方があるが、じゃあ、その流れの速さはどれくらいか？」とか、時が流れることを否定するような議論をぶつけて、時が流れるという私たちの直感と衝突させ、ゆさぶりをかける。大学という多少は浮世離れしたところに来て、哲学というだいぶ浮世離れした授業を選択した学生であれば、これで少しは「なるほど。どう考えればいいんだろう」という気持ちになってくれるのではないかと期待している。

私の授業が成功しているかどうかはともかく、自分でそれをどれほどだいじだと思っていても、相手に求める気持ちがなければ、伝わらない。だから、なによりもまず、自分の言いたいことが答えになるような問いを、聞き手や読み手のもとに生じさせるよう工夫しなければならない。

私は、このことを学生にレポートの書き方を指導するときに強調している。学生は答案を書く訓練をもっぱらしてきた。言うまでもなく、答案にはただ問題の答えだけを書く。そこでレポートも、それと同じように答えだけを書いてしまうことになる。だが、レポートの場合にはそれではだめなのである。自分で問いを立て、その問いに対する応答を述べていかなければいけない。しかも、読む気にさせるレポートを書くには、その問題に読み手を巻き込まねばならない。だから、その問題の背景を述べ、それを問うことがどうしてだいじなのかを説得力をもって示す必要がある。実に、言いたいことを書き始める前に、けっこうひと仕事しなければならないのである。

さて、問いを立て、ある程度その問いに読み手を巻き込むことに成功したとしよう。次は答えを書くことになる。例えば、「達意の文を書くにはどうすればよいか」という問いを立てたとする。いま私が書いているこの文章の場合、「問いと答えの構造をもたせること」というのが、言いたいことである。では、問いの後にその答えを書けば、文章は完成となるだろうか。それなりに手間をかけて問いを共有させ、いよいよ答えるぞという段になって、ひとこと述べて終わり。いや、もちろん、なかなかそうはいかない。

例えば、「達意の文を書くには、文章に問いと答えの構造をもたせねばならない」と書いたとする。しかし、これだけでは「分かった。なるほどね」とはならないだろう。誰もが分かっていることであれば、改めて主張する必要はない。なにごとかを主張するということは、その主張を分かってくれない他者を想定することである。分かってくれない——つまり、まだ理解してくれていない、そしてまた理解したとしてもただちには納得してくれないであろう他者。そこで、そんな他者の眼差しで自分の主張を眺めてみよう。すると、その主張についていくつもの問いが生じてきはしないだろうか。

意味の問い——「A」と主張したとする。だが、まだ何を言いたいのか十分に理解してもらえないかもしれない。そのとき、聞き手や読み手からは「Aって、どういう意味なのか?」といった質問が出されるだろう。そこで、「A」という主張の言わんとするところをさらに解説しなければならない。

根拠の問い——「A」の言わんとするところの意味はよく分かったとしても、その主張に納得してもらえない可能性がある。そのとき、「どうしてAだと言えるのか?」という質問が出されるだろう。そこで、Aという主張の根拠を述べなければいけない。

異論の可能性——さらに、「A」という主張と対立する意見が出される可能性がある。「AではなくてBだとは考えられないのか?」異論の可能性があるときには、その異論に対して批判を加えねばならない。

さらなる展開への促し——「A」という主張が十分に理解され、根拠も示され、ありうる異論に対しても対処できたとする。すると今度は、「それからどうなるのか」と、さらなる展開が促されることになる。

「どういうこと?」「どうして?」「そうじゃないんじゃないの?」「それからどうなるの?」――自分の文章に対して、こうした他者の声が聞こえるだろうか。聞こえない人は、ぽつんと独り言を呟くような文章しか書けないだろう。実のところ、ここが文章が書ける人と書けない人の大きな分かれ目であるように思われる。

まず文章全体を導く問いが示される。そしてその問いに対する応答を書いていく。だが、何ごとかを書くと、それがさらに新たな問いを生みだす可能性がある。そうして、問いと答えの連鎖が作られていく。問いが答えを導き、その答えが新たな問いを生みだし、文章に駆動力を宿らせる。達意の文とは、その連鎖がなめらかに、かつ緊密に織りなされている文章のことである。

さあ、私はどうだっただろうか。ちゃんと達意の文が書けただろうか?……いや、こわいから、読み直さないでおこう。

(「學鐙」第一一五巻一号、丸善出版)

言葉が変われば日本が変わる

難波博孝
野矢茂樹

国語力は、「愛」だ

難波　昨今は、大人も「国語」に自信が持てない時代ですよね。

野矢　国語力が昔より落ちているとは思わないのだけど、明らかに今の方が昔よりコミュニケーションにかかるストレスが大きいとは感じますね。多くを語らなくても分かってもらえるという状況ではなくなってきている。

難波　人と人が分かり合うことはそもそも難しいことだけど、ネットやスマホの普及もあって、より通じ合えなさを感じている人が多い気がします。そんな時代に、『大人のための国語ゼミ』が刊行されました。僕がこの本の中で一番いいと思うのは、「相手のことを考える」という相手意識から始まっていること。

野矢　その点は難波さんの監修した『論理力ワークノート』（第一学習社）も同じで、偶然一致していて驚きました。

難波　僕のは高等学校の生徒向けに、論理力を磨くためのサブテキストですが、『大人のための国語ゼミ』と、セットで使って欲しい（笑）。

僕は、論理学者たちの、相手の存在を切り離して論理のみを追究しようとする姿勢に疑問がありました。そういう中で野矢さんが、対話を大切にした、日常の国語力を鍛えるための論理の本を作ってくれた。それがとてもうれしいんです。相手によって論理は変わるでしょう、本当に分かってもらおうとして話していますか、そういう指摘から始まっている。これで話がしやすくなった（笑）。

野矢　当然、コミュニケーションとは相手あってのもので、相手がなければ、論理も死んだものでしかないですからね。

それと、ここから始めたのはもう一つ理由があって、国語学習は、この本を一冊読めばクリア、というものでは決してないでしょう。これをきっかけに、ようやくスタートに立てるというぐらいに、生きた国語を学ぶのは、時間がかかるものだと思います。語彙を得るにせよ、状況に応じて適切な発言をするにせよ、実際に場数を踏まないと身につかない。

だからけっきょく近道になるのは、この人に分かってほしい、という相手と出会うことなんですよ。子どもにとって、物分かりのいい大人とか、先回りして理解してくれる先生なんてのは、害悪でしかないんです。むしろ、どうしてこんなに伝わらないんだろう、分かってくれないんだろう、でも分かってほしい。そういう気持ちが、国語力を身につけるには必要です。そういう経験なしに、いくら教科書でスキルを学んでもだめだろう。そう思うので、この本は「相手のことを考える」というところから、始めたのです。

難波 相手意識からスタートして、誰かと分かり合おうとすることが、突き詰めれば国語を学ぶ意味のすべてだと。これはもう、「愛」ですよね。

野矢 「愛」だね（笑）。分かるからつながるのではなくて、必要なのはよく分からない相手と、それでも何とかつながろうとする闇雲な力。これはもう、「愛」以外に言葉がみつからない。

この本には仲島ひとみさんがイラストを描いてくれているんだけれど、彼女に最後に好きなように感想を書いてください、と頼んだら「国語力は愛だ」って。

難波 ちゃんと伝わっていますね。野矢さんの本には愛が溢れていると思います。皆どこかで諦めてしまうんですよ、人を分かろうとすることを。大学にも人間関係を作ることが難しい学生がいますが、そういう子たちは、思っていることと言動がずれてしまっていることが多い。ところが周りの人は、表面的な言動に反応して、その学生に対してどうせ理解し合えない、と距離を置く。興味や関心がなければ、なかなかその先へは踏み込まない。現代は、他人に対する関心が、磨滅している時代のように思えます。でも野矢さんの本を読むと、人はそもそも人を分かりたい生き物なのではないか。国語を学ぶとは、人間にもともと備わっている「愛」の回復の話なのかもしれない、などと思えてくるんです。

野矢　難波さんは今、きっと自分の「愛」を語ったんだな。私は自分自身を振り返ると、愛が足りないと思うからね。だからこそ、それがだいじだと思うし、自分を反省して足りない部分を、こうして本にしているのですが（笑）。

難波　なぜ、反省が芽生えたんですか。

野矢　年を取ったからかなぁ。若い時は、自分の内に閉じこもろうとしていたし、「仲間」という言葉さえ嫌いでした。人見知りで引っ込み思案な人間で。

難波　僕の見立てでは、「人見知り」には、人を知りたい、でもうまくいかない、という葛藤が込められています。根っから人に興味がないなら、人見知りとすら思わないでしょう。

野矢　それはそうかもしれない。思春期は、自己演出というか、他人の目を過剰に意識して、人にこう見られたい、こう見られたら嫌だと、それがストレスになる。そのストレスから逃れようと、他人を避けるところがあったかもしれない。それが40歳を過ぎたぐらいから、肩の力が抜けたんだね。自意識が薄れていくと同時に、他人とつながろうとする気持ちが生まれた、ということかな。

難波　そういう他人に対するストレスの中で、哲学に目ざめたのですか。

野矢　いいや、大学に入ったときは理系だもの。で、理系でやることを見失って、袋小路で壁にガーンとぶつかって、そんな時に、大森荘蔵さんという、ただひたすら自分の頭で物を考えていく哲学者と出会って、これなら自分も興味を持てるかもしれないと。卒業してから文系の三年に学士入学という形で再入学して、どんどん哲学にはまっていった。哲学で飯を食うなんて発想はなくて、先輩に「箸さえ持てれば飯は食えるよ」と言われて、あぁそうかなって（笑）。そんな時代でしたよね。

国語教育の変化と現状

野矢　今、国語教育のあり方が、昔とずいぶん変わってきていますよね。少なくとも私が習っていたころは、国語の教科書にいい小説、いい評論、いいエッセイが載っていて、国語の授業は、先生と一緒にそれを鑑賞する時間だった。それが中学校の国語教科書の編集に携わってみて、ずいぶん進化していると驚いたんです。ただ高校の教科書は今でも旧態依然たるものがあって、名文選の性格が色濃い。小・中学校はこれだけ変わってきているのに、どうして高校は変わらないのか。答えは簡単で、大学入試が変わらないから。

しかし、そもそも小・中学校の国語は、いつごろから変わり始めたんですか。

難波　明確な時期を示すのは難しいですが、まず小学校が変わって、次に中学校へとだんだん変わっていったんです。一番大きい変化は、ひとつ前〔平成二十年〕の小学校の指導要領に、「言語活動」という項目が入り、「知識の活用」ということが盛んに言われるようになったこと。そしてこの一連の変化の引き金は、PISAショックですね。

野矢　15歳対象の国際学力テストですね。いつのことですか。

難波　二〇〇三年です。二〇〇三年、二〇〇六年と引き続き、「数学的リテラシー」「科学的リテラシー」「読解力」の三分野について、日本の学生の順位が下がったという出来事です。しかし順位以上に、PISAで出てくるような問題を、日本の教育関係者のほとんどが、見たことがなかった。このショックが大きかったと思います。これを子どもたちが解けるようになるにはどうしたらいいのか。とにかく、知識を詰め込むだけではだめだ、と。認識が大きく変わったのがこのときです。

一方で、日本では大正時代から、デューイの経験主義に基づく単元学習が採用され続けています。社会科では問題解決学習、理科では仮説実験授業、国語では総合単元学習、などと呼ばれるカリキュラムです。PISAショックを受けて、こうした単元学習の有用性が再認識されたことも、小・中学校の指導要領の変化に影響しています。

野矢　教育の場面で「経験主義」というのは、どういうことを言うんですか？

難波　実際に経験することでしか、あるいは具体的な状況の中でしか、学べないものがある、ということですよね。野矢さんの書いている、具体的な相手を想定して、文章を読んだり書いたりしないと、本当は読めていないし、書けていないんだよ、という指摘にも通じます。

野矢　いよいよと言うべきか、大学入試も変わろうという動きを見せ始めましたよね。二〇二一年の一月実施分から、センター試験は大学入学共通テストとして新しくなります。で、二〇一七年の五月に発表された大学入試センターのモデル問題をHPで見てみると、記述式問題の国語では、資料として「街並み保存地区」景観保護ガイドラインがあり、これについての親子の対話から出題されている。もう一題は、もっと驚きますが、「駐車場の使用契約書」を読んで、管理会社に対し異議申し立てをせよと。非常に現実的な場面に即した、問題解決能力が求められている。これが新しい国語の問題なんですよね。

難波　高校、大学の先生にとっては、衝撃だったかもしれませんが、小・中学校の先生は、この手の問題に既視感があるはずです。というのは、全国学力・学習状況調査というものが、二〇〇七年から毎年1回、計10回行われていて、その内のB問題が、新共通テストとそっくりなんですよ。そこで積み重ねられてきた成果が生かされているのだと思います。

野矢　なるほど。確かにこういう問題は、一朝一夕に作れるようなものではないね。

国語から始めよう

難波　新共通テストのモデル問題を見たとき、どう感じましたか。

野矢　今は、小説を読解できる学生、評論を分析できる学生よりも、こうした基礎学力のある学生を欲している大学の方が多いでしょうね。だから、この変化は適正なものだと思う。だけど、こうした問題を誰が作っていくのかが、気になりますね。現在の国語の問題は、国文科の先生主導で作成していることが多いのだと思いますが、先ほどのモデル問題のようなものは、国文、古文、漢文の専門家だから作れる、という類のものではないですから。

難波　確かに日本語で表現できるすべてのジャンルが問題になりますからね。

野矢　それで、これは哲学者の出番かもしれない、と思っているんです。哲学者は、文学作品や日本語の専門家ではないけれど、思考・論理の専門ですから。だから、哲学者を統括役に、法律の先生や、場合によっては理系の先生などさまざまなジャンルの人を招集して、科目の垣根を取っ払って、皆で問題を作っていくのが現実的なのではないかと。そういう体制が必要だし、その意識の変化は高校・大学の国語の授業も変えていくだろうと思うんです。

難波　哲学者もごまんといますから、誰にでもできるとは限りませんけどね（笑）。でも基本的に、哲学者が国語教育をすることに、違和感はありません。フランスでは、国語の教科教育を研究する人間も、まず哲学を学びます。大学の学部生までは哲学を学び、マスターで国語を学ぶ。そういう仕組みになっています。そもそもフランスの中等教育レベル認定の国家資格・バカロレアでは、国語に当たるのが、日本でいう哲学なんです。リセの卒業生が通う専攻科の授業も見ましたが、テキストにさまざまな哲学者の文章があって、それを要約しなさい、というような内容でした。だから、哲学の先生が国語教育をするのは理にかなっていると思うんです。が、日本の哲学科では、哲学の訓練をしているんですか？

野矢　そりゃ、してますよー（笑）。哲学の訓練は、大まかにいって二つありますが、一つはテキストを読むこと。哲学のテキストは、普通の文章のようにサラサラとは読めないでしょう？　極端にいうと、たった一つの語句について、その文脈でどのように使われているのか、行ったり来たり前後を眺めて、うねうねと読むわけです。他のジャンルでは、テキストからある程度必要な情報を収集すればいい、という場合が多いと思うのですが、哲学の場合は、立ち止まって、突っかかって、分析するという、極度に緻密な読み方を身につける必要があります。

それからもう一つは、議論する力。哲学では、たいていの主張にはそれと反対の主張があって、教師に対して学生が反論することもあるし、カントの議論にさえ反論が出てくる。必ずさまざまな考えが出てきて、議論でやりあうんです。しかも哲学は浮世離れしているので、対立しても相手の人格を傷つけることなく、やりあえる。そういう経験が哲学の学生には、ふんだんにあるべきだし、事実あると思うんです。

今こそ哲学者の出番と、けっこう本気で思うのだけど、いずれにせよ、大学教育の大きな問題点は、大学に国語の先生がいないことだと思っています。国文の先生はいるけれど、「国語」という科目がないでしょう。大学にも「国語」という科目が必要だと思いますね。

難波　確かに。

野矢　しかし国語教育は学校に限る話ではないですよね。『大人のための国語ゼミ』の執筆の目的は、冗談にしか聞こえないかもしれないけれど、「日本を変えたい」ということ。いや、これは政治に関わりたくない私としては、言ってて口が痒くなるような言葉なんですけれど（笑）。

でも真面目に、国語教育が変わることで、日本が変わりうると思っているんです。例えば、何かトラブルが起きたときに、その状況を適切に言語化して伝えられるかどうか。きちんと言葉にできれば、状況を変える可能性が生まれる。人間関係も、相手を慮って聞こえのいい言葉を上乗せしなくても、それ以上でも以下でもない、的確な言葉を伝えられれば、問題がふっとほどけることが、多くの場面であると思う。逆にいうと、うまく言葉にできないことで、トラブルを処理できず、あるいは人間関係がぎくしゃくしたり、関係を断ち切ることになってしまったり。一番まずいのは、自分の言葉が通じる仲間内だけで、ものごとを済ませようとしてしまうこと。「おともだち」の範囲で閉じて、他の意見を入れず、きちんと伝えようともせずに、分断の壁がだんだん厚くなっていくこと。

難波　日常的な人間関係でも、政治の場でも、対話や議論が成り立たず、「おともだち」の範囲で閉じてしまうのは、なぜなんでしょう。

野矢　未熟なんでしょうね。仲間内や「おともだち」の中だけで閉じるのは。先ほどお話しした私自身の経験からいっても、閉じていたときは今よりずっと未熟だった。人間が成熟してくるということの大きな側面は言葉が成熟するということです。言葉が未熟だったら、人間も未熟なままです。日本の人たちが、私も含めてもっと成熟していくには、言葉が成熟していかなければいけない。仲間内で閉じている、あるいはSNSなどでは、分かりやすくて短いフレーズの、コピーアンドペーストで拡散しやすい言葉ばかりが流通していく。そういう状況に楔を打ちたい、というのがこの本のもくろみです。

難波　国語教育の整備、あるいは、学びをサポートする野矢さんの『国語ゼミ』や僕が監修した『論理力ワークノート』など、言葉を成熟させるための仕組み作りは大切ですが、そうはいっても人はなかなか変われない、と思うんです。

教育学者であるキーガンの『なぜ人と組織は変われないのか』（ロバート・キーガン、リサ・ラスコウ・レイヒー、英治出版）という本には、人間には「免疫」があるのだと書かれています。心の免疫は外からやってきたものを、とりあえず外敵として排除してしまう。だから、もともと自分の内に持っている要素しか取り込まないのだと。そうした変わりたくても変われない深層心理を、「免疫マップ」と呼ぶのですが、それをいかにして壊すかが重大事なんです。「免疫マップ」を越えなければ、言葉は届かない。相手に届くような言葉を身につけると同時に、瞬発力というのか、自分の内にある免疫マップを壊すエネルギーも持たなければいけない。こういう力を育てるのも、国語教育の役割なのではないか、と思います。

野矢　今の話に重ねて言えば、私は多くの人の本の読み方に対して悲観的なんです。本から共感できるものだけを受け取り、自分と違う考えは受け入れない、そういう読み方をしている人が多いんじゃないかと。自分をうち破るようなものに対して、それを排除する免疫が働くとしたら、本を読んでも「自分」は変わっていかないでしょう。読書が自分を変えるのではなく、補強するばかりなら、つまらないですよね。

人がなかなか変われないというのはまったくその通りなので、だからこそまず、言葉から変えていこうよ、と。

難波　まず道具を持たせる、ということですね。

野矢　そう。本の中で、「正のスパイラル」という書き方をしたけれど、言葉が強くなれば人間関係も少しやりやすくなる。人間関係が少しやりやすくなれば、言葉が強くなっていく。というふうに、まず言葉をもう少し鍛えて、この正のスパイラルへと一歩を踏み出してほしいんですよ。

国語のテキスト作り

野矢　この本で念頭においている読者は、もう国語の授業から離れてしまったごくふつうの人たちです。とくに若い世代の人たちが読んでくれればいいですよね。

難波　分断を越えていくための、一つの武器として、言葉を手に入れて欲しいですね。

野矢　最初に言ったように、今の時代は職場や人間関係におけるストレスが大きくなっていると思うんですよ。「あ・うん」の呼吸では済まなくて、きちんと言葉にしなくちゃいけない。的確に分かりやすく説明したり、説明を聞いて正確に理解して、いい質問をしたり、ときには反論したり。だけど反論したいけれど、どう反論すればいいのか分からなかったり。そういうときに、国語力が少し上がることで、少しでもストレスが減る実感が持てれば、そこから正のスパイラルに入っていける。初めの一歩は一つ語彙を増やす、というところからでもいいんです。あるいは、この言葉では相手に伝わらないな、と気付くだけでもいい。とにかく、何か一歩進んでみたら、ストレスが減って、それが成功報酬になって、学習が進むというような、いい方向に進んでくれるといいなと。その最初に背中を押す役割を、この本が担えればうれしいですね。

難波　分かり合うために、とか、分断を越えるためにとか、ノウハウ本はたくさん出ていますよね。でも、ほとんどの本は、精神論ばかり。『国語ゼミ』には、まず言葉から変えてみよう、言葉を学んでみよう、相手のことを考えて文章を組み立ててみよう、と変わるための具体例がある。そこがポイントです。

野矢　ビジネス書に、似たような趣旨の本がたくさんありますよね。プレゼンテーションの仕方、説得術、質問の仕方……。おそらくそれらは対症療法的な本が多い。対症療法では、無数の症状に対し、無数の療法が必要になって、結果無数の本が次々出ることになる。ビジネス書的な即効性を求めている人にとっては、『国語ゼミ』は、不満でしょう。でも腰を据えてやってみようという人には、根本から変わるための、力になれる一冊だろうと思います。

難波　野矢さんの『論理トレーニング』（産業図書）と『国語ゼミ』とは根底は同じだけど、中学校の教科書編集の体験が『国語ゼミ』にものすごく生きていますよね。

野矢　『論理トレーニング』があったから、中学校の教科書の仕事がきたんでしょうね。で、引き受けるときには、『論理トレーニング』を平易にすればいいんだろう、ぐらいに思っていたんです。ところがそんなに甘いものではなかった。ほとんどゼロから教えていかなくちゃいけない。論理的になるための最初の一歩目を考えました。つまり、相手のことを考えて話そうとか、思いついたまま話したら伝わらないとか、ごくごく基本的な姿勢に立ち返る、ということ。そして実はこれが最初の一歩であると同時に到達点でもある、非常に重要なことなんだと気付いたんです。

難波　それが今回、大人のためのテキストに生きたのが、よかったと思います。ただやはり免疫の強い大人たちは、これを読んでも、自分は大丈夫、自分はちゃんと言葉を使えている、と思い込む気がする。

野矢　だから一箇月かけて問題解きながらじっくり考えて、と言っているのに。

難波　野矢さん、『大人のための国語ゼミ』のワークブックを作りましょうよ。このかたちだと、ただ読んでしまうだけになるんです。ワークブックならば、問題を解かなければならないから、立ち止まって考えざるを得ない。

野矢　高校の国語の先生になった教え子がいて、この本を授業で使ってもいいですか、と言うから、いいよ、でも君が問題を作ったら送ってね、と言ってあります。ワークブックはいい企画だと思うけれど、私だけでない、若い人たちが乗っかって、チームを組んで発展させてくれるなら、うれしいんですけれどね。

難波　問題を作るのは大変ですよね。

野矢　手間暇がかかります。いかに面白くするか、考えさせるか。自分で言うのもなんだけど、例えばささやかな例ですが、逆接の接続表現の例文で、「告白したが、あやまられた」というのが、けっこう気に入っていて（笑）。こんな例文でも、一つ考えるのに、一時間近くかかることもある。「断られた」ではなくて、「あやまられた」というのがいいでしょ？　「タンタンメンを注文したのに、ワンタンメンが出てきた」とかね。あるいはモーツァルトのかつらの話とか。あれはまちがえてくやしがっている人が何人もいました。

難波　いい問題を作るのは、力がいりますね。僕も『論理力ワークノート』は一人で作っていませんし、しかも準備から一年以上かかっていますから。

野矢　あれは画期的ですよ。お互いこれが嚆矢になって、続いてくれる人が出るとうれしいですよね。

ナラティブとポリフォニー

野矢　私は、文学は高校では「国語」から切り離して、「美術」「音楽」「文学」と、芸術の選択科目にしたらいいと考えています。ただ詩歌や随筆は外しても、小説だけは国語から外せない、という気持ちが芽生えてきているんです。小説を教材にすることによって鍛えることのできる力で、芸術的な力ではなく生活や仕事に関わる実際的な力には二つあると思うんですね。

一つは人生や社会における個々のエピソードをたんに羅列するのではなく、それを一つの物語として組み立てる力。そしてもう一つは小説の中の、ポリフォニー（多声音楽）的な要素。つまり、主人公一人の目から見た物語だけでなくて、複数の登場人物の、それぞれの視点から語り出されたものを、他人の視点に立って受け取ることができる力。こうした力は社会を生きていくのに、とても大切だと思っています。

先ほど話した、大学入試の新しいモデル問題では、契約書など、かなり実用的なものを資料として読ませる。でもそうした実用的な文章読解力だけでなく、物語を読み取り、組み立てる力と、複数の視点をポリフォニー的に捉える力は、国語教育から外してはいけないのではないかと。

難波　そうだとしたら、文学を国語から切り離すことは難しいでしょうね。文学の大きな部分を小説が占めていますから。

野矢　いや、私は文学の基本的なかたちは詩だと考えているんです。言葉そのものが力を持ち、輝いている。ストーリーなどは、文学にとってそれほど重要ではない。小説であっても詩と同じで、文学の力とは、どういう言葉が、どのように使われているのか、だと。そうした言葉の輝きを受け取る力は、まさに芸術的感性なので、必ずしもすべての人が持てなくてもかまわない。例えばクラシック音楽を聴く耳を持っている人といない人がいるように、言葉の芸術的な輝きを、受け取れる人も受け取れない人もいてかまわない、と思っているんです。

難波　なるほど。小・中学校までは国語として一つだったものを、高校では詩を中心にした言語芸術として、文学が芸術科の専門科目となり、ナラティブな小説のみ国語科目に留まると。それは一つの有効な改革案だと思います。

ただ小説を残すか、文学を国語から切り離すか、という枠組みよりも、小説や物語から何を学ぶか、学べるか、どんな力を身につけるかという視点がだいじですよね。今、野矢さんが言われたように、ポリフォニーの観点、そしてさまざまな物語を読むことで、実人生の見方を育てていく。国語は「生きてゆくこと」を視野に入れた教育にならなければいけないと。

現状の文学研究は、作者研究、作品研究に留まっており、文学が読み手にどのような力を与えるか、というまなざしは乏しいままです。

野矢　文学には大まかに二つの側面があって、一つは言語文化。文化として培われてきた豊かさは、芸術として捉えることができる。一方に、小説や評論を読むことで、自分の生活の中に跳ね返ってくる部分がありますよね。その後者を国語教育の中に残すべきだと思っているんです。

難波　芸術性と日常性、言葉の二つの側面ですね。教科として、切り離すか切り離さないかはさておき、その視点は必要だと思います。野矢さんの仕事に対して、日本語の芸術的側面を切り捨てるのか、などと誤解する人が出てくると思いますが、それは違う。

野矢　論理というと、文学者には白眼視されがちですよね。

難波　日本は特に、論理と文学、論説と小説は、相対するものだという意識が強いですが、僕は『国語ゼミ』は、小説の読み方でもあると思っているんですよ。「相手のことを考える」のは、物語の主人公なり、作者なりの思いを想像することに通じますから。

野矢　この本に、物語を読む力へと接続していくような方向性が示されていたならばうれしいですね。この本の先に、小説を取り上げながら展開していくようなパートがあったらいいなと思います。

難波　確かに。でも仲島さんが描いたイラストは、本一冊を通した物語になっていますよね。挿絵ではないんです。一人一人、キャラクターを持って、本の中で生きている。無意識にナラティブを求めたのではないですか。

野矢　なるほど。本の背後に四人の生活があって、それがひょこひょこっと顔を出しますね。

私は仲島さんが作った四人の性格を考えてセリフを付けているのですが、ときには、彼女のキャラクター設定よりも、一歩踏み込んで、「リコって鉄オタだったんですね」とか、「トビオはこんなに真面目なことを言うんですか」と仲島さんに言われたこともありました（笑）。本を書いている間、私のそばに、四人がずっと一緒にいてくれた気がします。

虚から実へと開く

難波　人文系に対する風当たりの強さの原因の一端は、人文系自体にありますよね。自分たちがしていることの意味を考えてこなかった。「おともだち」で固まってしまっていたところがあると思うんですよ。

野矢　日本の大学は、どんどん実学を重視する方へ向かおうとしている。人文系だけでなくて、理系でも基礎科学がおろそかにされる、というような状況があります。そういう方向に、この本は反対するものではなくて、むしろ棹さしているんです。つまり国語をきちんとやることは、社会にとっても実生活にとっても、ものすごくだいじで有益なことだ、と。『国語ゼミ』は実学の本です。

それに対して、虚学をだいじにしたいという思いは、また別にあります。人文科学というのは基本的に文化であり虚学です。虚学に対する価値を認めないのは、文化がやせ細るだけであって、よろしくない。人文科学なんてけっきょくのところ無駄なんですよ。でもそこで、無駄なものなんてないんだとか、無駄も役に立つんだとか、そういう反撃は違うと思う。哲学をやっている人は、懸命に哲学が役に立つことをアピールしようとするのですが、そうではなくて、無駄を無駄として受け入れていく豊かさが必要なんです。それがなかったら、国なんて亡びると思います。

難波　私は『国語ゼミ』を出すことによって、虚へ向かう方向を切り捨てようとは、まったく思っていません。この本は、もちろんまったく有益なもの（笑）。でも自分の専門の哲学は無駄でかまわないと思っています。

野矢さんは、哲学と『国語ゼミ』とを分けておきたいという気持ちがあると思うんだけど、これは実の本だけど、虚の本でもあると思うんですよ。別の言い方をすれば、実用とは何なのか、という問い直しをしている。

一見スキル本のようで、問題を解いていくと、まったく違う新しい世界が広がる。僕が先ほど、人文系の人たちに問題があると言ったのは、虚学の立場から、実とは何なのかを問い直すような研究をするべきだったのに、自分たちは虚学だからいいんだと、開こうとしなかった。本当は、虚から実に対して発言していく必要があるのではないか。その見本の一つが、この本だと思います。

野矢　ああ、そうか。虚を実と言い張るのではなくて、虚から実へと開いていくということですね。確かに、哲学をやっていなかったら『国語ゼミ』は生まれなかったでしょう。実際、この本は純然たる実用書とは違いますよね。

難波　『大人のための』という言葉にはファンタジーがありますね。ここがまさしく、実と虚をつなぐ、というのかな。「大人のための童話」とか「大人のための塗り絵」とか、本来は子どものための世界のものにこそ、「大人のための」と加えますよね。この本の持っている豊かさ、広がりが、にじみ出ています。

ひとことで言うと、これは愛の本です。

野矢　やっぱりその言葉でまとめるんだな（笑）。

（『週刊読書人』二〇一七年十一月三日号）

後記

この本の出発点は中学校の国語の教科書の編集に携わったことにある。私はかつて『論理トレーニング』（現在は新版）と『論理トレーニング101題』という本を世に問うた。国語の教科書の仕事もその延長上にあったのだが、中学生に向けて教科書を作っていく過程で、本当に基本のところから学んでいかなくては力はつかないのだということを痛感させられた。そして、これは大人もやるべきだという思いを強くしていったのである。だから、本書を出すにあたって、その教科書を共に作っていった仲間たちに感謝したい。編集者の方たちの名前を記すことは控えるが、編集委員会の先生方の名前は挙げさせていただきたい。中西一彦さん、馬場誠さん、藤本梨紗さん、矢田勉さん、山田圭一さん、山田進さん、あなた方との仕事がこの本を産んでくれました。また、本書の作成にあたっては何人もの人たちが関わっている。彼らは本書を作成したスタッフであるから、謝辞は述べないこととするが、それでも、ここに記しておきたいことがある。担当編集者の方は、私の原稿を読み、その問題のすべてに挑戦し、実に細かいコメントを寄せてくれた。私はそれに答えて、二回、あるいはそれ以上書き直した。その丁寧なチェックがなければ本書はこのような形にならなかった。仲島ひとみさんは、彼女の手になるキャラクターたちに当てて私が書いた台詞に、イメージ通りの、そしてしばしば私のイメージを越えた形を与えてくれた。そして、装丁は間村俊一さんにお願いすることができた。表紙の牛は、私にはこんなふうに言っているように見える。

さあ、いっちょうやるか！

増補版の後記

「學鐙」春号（二〇一八年、丸善出版）に掲載された拙稿「その文章はどういう問いに答えているのか」と「週刊 読書人」二〇一七年十一月三日に掲載された難波博孝さんとの対談を加え、増補版として出版することになった。また、本文に関してもいくつかの箇所において修正を施した。志野好伸さんからいただいた指摘に対しては旧版において対応することができたが、竹内聖一さんからいただいたコメントは多岐にわたり、かつ、大きな修正を要するものが多かったので、旧版では対応できなかった。今回、竹内さんのコメントを反映して改善することができた。難波さん、志野さん、竹内さんに、深く感謝したい。

野矢茂樹（のや・しげき）

1954年（昭和29年）東京都に生まれる。85年東京大学大学院博士課程修了。東京大学大学院教授、立正大学文学部教授を歴任。専門は哲学・論理教育。

著書に、『論理学』（東京大学出版会）、『心と他者』（勁草書房／中公文庫）、『哲学の謎』『無限論の教室』（以上、講談社現代新書）、『新版 論理トレーニング』『論理トレーニング101題』『他者の声 実在の声』（以上、産業図書）、『増補改訂版 哲学・航海日誌』（春秋社）、『はじめて考えるときのように』（PHP文庫）、『ウィトゲンシュタイン『論理哲学論考』を読む』（哲学書房／ちくま学芸文庫）、『同一性・変化・時間』（哲学書房）、『ここにないもの――新哲学対話』（大和書房／中公文庫）、『入門！ 論理学』（中公新書）、『子どもの難問――哲学者の先生、教えてください！』（中央公論新社、編著）、『大森荘蔵――哲学の見本』（講談社学術文庫）、『語りえぬものを語る』『哲学な日々――考えさせない時代に抗して』『心という難問――空間・身体・意味』（以上、講談社）、『まったくゼロからの論理学』『ウィトゲンシュタイン『哲学探究』という戦い』（以上、岩波書店）、『言語哲学がはじまる』（岩波新書）などがある。訳書に、ウィトゲンシュタイン『論理哲学論考』（岩波文庫）、A・アンブローズ『ウィトゲンシュタインの講義』（講談社学術文庫）など。

仲島ひとみ（なかじま・ひとみ）

1980年（昭和55年）生まれ。千葉県市川市出身。東京大学大学院人文社会系研究科修士課程修了（日本語学）。ロンドン大学 Institute of Education にて、MA in Effective Learning and Teaching 取得。国際基督教大学高等学校教諭を経て、現在、武蔵野大学文学部特任教授。

著書『大人のための学習マンガ それゆけ！ 論理さん』（筑摩書房）では本書にも登場した4人の高校生が活躍している。ほかに『詳説古典文法』（筑摩書房、共著）、『中高生のための文章読本』（筑摩書房、共編）、『国語をめぐる冒険』（岩波ジュニア新書、共著）など。

増補《ぞうほ》版《ばん》　大人《おとな》のための国語《こくご》ゼミ

二〇一八年一〇月　五　日　初版第　一　刷発行
二〇二五年　六　月一五日　初版第一七刷発行

著　者　野矢茂樹
発行者　増田健史
発行所　株式会社筑摩書房
東京都台東区蔵前二―五―三　郵便番号一一一―八七五五
電話番号　〇三―五六八七―二六〇一（代表）

装幀者　間村俊一
印刷　TOPPANクロレ株式会社
製本　加藤製本株式会社

Printed in Japan　ISBN978-4-480-81680-1　C0010